日本バスケの革命と言われた男

安里幸男

文・内間健友
長嶺真輝

双葉社

日本バスケの革命と言われた男

はじめに

歓喜の地・沖縄から世界へ ―日本バスケ界へ向けて―

２０２３年、日本バスケットボール界の中心地は、間違いなく、沖縄だったと思う。始まりは、２０２２年末から公開されていた、人気バスケ漫画『ＳＬＡＭ ＤＵＮＫ』の大ヒット映画である。同映画は、沖縄が舞台の一つであったこと、映画の主役である宮城リョータが沖縄出身として描かれていたことから、県内の反響も大きく、中高生や子どもたちを中心に沖縄バスケ界がさらなる盛り上がりを見せることになった。

そして5月には、プロバスケットボールBリーグにおいて、地元球団の琉球ゴールデンキングスが悲願の初優勝を遂げた。その活躍に県民は歓喜し、バスケ人気が加速する機運が高まった。それだけではない。さらに沖縄の〝熱〟を高める出来事があった。9月2日、日本バスケ史に残る歴史的瞬間が、沖縄で生まれたのである。

ＦＩＢＡバスケットボールワールドカップの開催地の一つとなっていた沖縄で、男子日本代表が、２０２４年のパリ五輪への出場権を獲得したのだ。自力では、１９７６年のモントリオール五輪以来、実に48年ぶりの快挙だった。日本代表の雄姿を見て、全国のバスケファン、そして沖縄県民はさぞ熱狂したことだろう。僕自身、ここ沖縄で、日本バスケの〝新たな夜明け〟とでも言うべき、歴史が刻まれたことを大変嬉しく思った。

個人的には、さらに嬉しいこともあった。日本代表が格上・フィンランドに歴史的勝利を収めた後、『月刊バスケットボールWEB』(2023年8月28日付)において、「アカツキジャパンにつながる伝説の〝辺土名《へんとな》旋風〟を振り返る」とのタイトルで、僕が初めて率いた辺土名高校の戦いぶりが取り上げられたのだ。

1978年、僕は外部コーチとして、沖縄県立辺土名高校男子バスケットボール部を指揮し、全国高校総体(インターハイ)で3位に入った。平均身長が160センチ台と低いチームながら、前線からプレッシャーをかけるフルコートプレスの守りと、攻守の切り替えの速いトランジションオフェンスを武器に、全国の強豪校を次々と撃破していった。その快進撃は〝辺土名旋風〟と呼ばれた。

ワールドカップが沖縄で開催されたことと、身長172センチと小柄な河村勇輝選手らが活躍し、チーム全体の粘り強いディフェンスで勝利を引き寄せたことから、当時の辺土名を思い出してくれたのだろう。日本がフィンランドに勝利したことについて、記事の中で「それはあたかも、辺土名旋風で示された『日本のバスケットボールの方向性』が、的を射ていたことを証明するような痛快な金星だった」と評してくれていたのだ。現在の日本代表と当時の辺土名が重ねられることは大変光栄である。

ワールドカップにおける日本の戦いぶりでもそうだったが、小さき者が大きい者を倒したり、不利な立場の者が困難を乗り越えて勝利をつかんだりする時に、それを見た人は大きな感動を覚える。そういった感動を与えられるのが、僕が指導者として45年以上、情熱を燃やし続け、愛してやまないバスケットボールの魅力だと思っている。

振り返れば、コーチとしての辺土名高校時代も、まさに圧倒的不利な状況からのスタートだった。それ以降、高校教員になって赴任校のバスケ部を指導し、「全国制覇」を常に目標に掲げてきた。選手の大型化が進む本土の学校と比べて、体格で劣るチームながら、全国を驚かせる試合を示してきたつもりだ。

北谷《ちゃたん》高校での1991年静岡インターハイ3位や、1993年の能代《のしろ》カップ全勝優勝、1997年のウインターカップにおける田臥勇太選手擁する能代工業高校との激闘など、真紅のユニホームを着た北谷の選手たちが、コートで躍動する姿や試合ぶりを記憶しているバスケファンも少なくないだろう。

僕自身、何事に対しても最善を尽くす習慣が身につくよう努め、接する人に小さな感動を与えることを大事にしてきた。それらが、僕の指導するチームの試合を観て、多くの人が感動してくれることにつながっているのだと思う。

もう一度言うが、２０２３年のバスケ界の中心は、沖縄だった。だが、そんな沖縄は年々バスケ熱が高まる一方で、県内の高校が近年、全国で勝てなくなっており、競技力低下が危惧されている。全国に目を向けると、留学生の活躍が目立ち、公立高校が勝ち上がるのは至難の業である。だが、それでもあきらめることなく、勝つ方法を見つけ出し、挑み続けてほしい。

微力ではあるが、沖縄のバスケ、日本のバスケの役に立ちたい、悩んでいるコーチや選手に示唆を与えることができ、喜んでもらえたらと思い、この本を出版することにした。

本書では、情熱と高い目標を持ち、バスケに打ち込んできた僕のこれまでの歩みと指導者や選手たちへ伝えたいことについて書いている。手に取っていただいた方にとって、僕の経験から何かを感じ取ってもらえれば幸いだ。

目次

第3章 北谷高校

第4章 コーチとしての心構え

第５章　バスケ界へのエール

第1章 辺土名高校

1978年、山形インターハイにて3位に輝いた辺土名高校

バスケを愛する青年の来訪
安里幸男と『SLAM DUNK』秘話

1991年夏、真紅のユニホームが象徴的な、沖縄県立北谷高校男子バスケットボール部の監督として、静岡インターハイに出場していた時のことである。宿舎のホテルにいた僕の元に、一人の青年が訪ねてきた。漫画家だという。

その頃、指導して3年目のチームに、僕は大きな手応えを感じていた。バスケットコーチとして駆け出しだった1978年に、母校・県立辺土名高校を率いてインターハイ3位になった時以上のチームだと感じていたためだ。当時の辺土名のような攻撃的で粘り強いディフェンスに加え、北谷は全国トップレベルのスリーポイントシュートを身につけていた。

そんな自信を裏づけるように、大会で北谷は1、2回戦を順調に勝ち上がった。3回戦では、優勝候補の一角だった千葉県代表・東海大浦安高校との激戦を制し、北谷はいよいよ目標の全国制覇に向けて勢いに乗った。

その日の夕方、僕は宿舎のホテルで選手たちを休ませ、翌日の準々決勝に向けて対戦チームの攻略法をあれこれ思案していた。すると、僕に来客があった。学校やバスケ関係者かと思い、ロビーに向かってみると、そこには見知らぬ青年がいた。彼は、週刊漫画誌でバスケ漫画を連載中の漫画家だという。

「バスケットボールは日本であまり人気がなく、バスケ漫画を描いても売れないと言われています。だから、自分がバスケ漫画を描いて、その面白さを伝え、バスケ人気に火をつけたいんです」

彼はそのようなことを言い、北谷のチームについて「参考にしていいですか?」と尋ねてきた。彼の真剣な態度とまなざしから、バスケに対する強い情熱を感じた。何としてもやりたい、という想いが伝わってきた。漫画を通して、バスケを発展させようとしている方に、協力しない手はない。

「もちろん喜んで。どうぞ、参考にしてください」

僕はそう答えた。彼は名前を井上雄彦と言い、人気少年漫画誌『週刊少年ジャンプ』で『SLAM DUNK』という漫画を連載中ということだった。後に、バスケ漫画の金字塔として、日本のみならず、世界中で愛される作品である。

当時の北谷は、上背がない一方で、脚力とシュート力を武器に個性的な戦い方で勝ち上がっていた。そこに、井上さんも注目してくれたのだろう。特に、3回戦で東海大浦安を破った後からは、大勢のマスコミが監督の僕や選手たちを取り囲んだ。

北谷のマネージャーだった今科子によると、彼女が試合中に応援していた2階客席や試合後の1階フロア裏で、全国の多くの記者から質問攻めにあったという。北谷のユニホームの種類や応援の仕方、横断幕、監督である僕の人柄、選手の特徴などについて聞かれたそうだ。そんな記者たちに交じって、漫画家の彼もいた。

彼女は、僕と面会する井上さんをたまたま目にしたようだが、試合後にも熱心に取材する彼が漫画家であることは、僕から聞いて初めて知ったようだ。後の井上さんの活躍に、「あんなすごい人に取材されたんだ……」と驚いていた。

僕自身は、あまり漫画を読まない人間だったため、井上さんが描く『SLAM DUNK』も当時は読んでいなかった。その漫画がどれほど人気なのか、後になって知ることになるが、周囲からはよく作品の話をされたことを覚えている。

主人公・桜木花道らが通う湘北高校のユニホームが、当時の北谷のものに酷似することから、北谷がモデルなのではと言われることが多かったのだ。加えて、湘北高校のライバルである陵南高校の田岡茂一監督に僕が似ていることから、そのモデルではないかと言われることもあった。本当のところは分からないが、確かに似ている気がした。

横断幕についてもそうだ。バスケ部にふさわしい熟語を書道の先生に提案してもらい、書いてもらった北谷の横断幕「勇猛果敢」を作中で目にした時には、嬉しい気持ちが込み上げてきた。

２０２２年12月に公開され、ロングヒットとなった映画『ＴＨＥ ＦＩＲＳＴ ＳＬＡＭ ＤＵＮＫ』も映画館へ観に行った。作中の山王工業高校は、僕らが何度も挑んだ秋田県立能代工業高校（現・能代科学技術高校）そのものだった。１９９０年前後の能代工に、「小納兄弟」として知られていた名ガードの選手がいたが、山王工業のキャラクターがシュートを入れた後、ディフェンスに移るしぐさなどは、まさしく小納兄弟のそれだった。僕らが対戦した時の光景がはっきり思い出され、井上さんがそこまで細かく描写していることに驚いた。

映画の関連書籍『ＴＨＥ ＦＩＲＳＴ ＳＬＡＭ ＤＵＮＫ ｒｅ：ＳＯＵＲＣＥ』を買って読むと、さらに驚かされる記述があった。井上さんの発言として、小柄な選手が運動量豊富に素早く動き回る「少し独特な沖縄のバスケ」にもともと注目していたとあったからだ。

さらに〝辺土名旋風〟を挙げ、1978年に僕がコーチとして指導し、平均身長160センチ台ながら山形インターハイで3位に入った時の辺土名高校について、「とてもおもしろい存在」と触れていたのである。

「だから沖縄がルーツで背の低いガード、というキャラクターイメージは早い段階からありました。だから苗字も沖縄に多い〝宮城〟にしたんです」と、『SLAM DUNK』の主要なキャラクターであり、映画の主人公・宮城リョータの誕生秘話が明かされていた。

多くの子どもたちに夢を与え、日本のバスケ界の発展に多大な貢献をしてきた作品に、ほんの少しでも自分が影響を与えていたと知った時、僕は感激のあまり言葉が出なかった。

幸せなことに、僕の指導するチームの試合を観て「感動した」と言ってくれる方はとても多い。僕自身、常日頃から、人を喜ばせることや、何をするにも小さな感動を相手に与えることを心掛けている。選手たちには「コートは舞台である」と伝え、自分たちのバスケットを表現することで観る者の胸を打つ試合ができるよう、日々の練習を一生懸命やってきた。多くの人が感動してくれるのは、そういった行動や取り組みの成果の表れなのかなと思う。

感動は人の心に火をつけ、人を動かし、未来を変える。僕はそう信じている。辺土名高校がインターハイ3位になって以降、高校バスケで何十と全国制覇してきたチームがあるが、辺土名のように45年経った今でも、多くの人に語り継がれるチームはそれほど多くないと思う。

だが、燃えるような情熱や選手の長所を伸ばす指導、さらなる創意工夫で、辺土名のように個性的で、奇跡的なチームは今後も必ず出てくるであろう。

野山を駆けまわる野生児集団…初の教え子たちと流した「涙」と「誓い」

1978年、平均身長160センチ台ながら、全国の強豪校を次々と退け、全国3位に輝いた〝辺土名旋風〟。高校バスケ史に、その名を刻んだ快進撃は、沖縄ののどかな田舎村から始まった。競争の激しさからかけ離れた辺土名の環境をみれば、よくもまあ全国に衝撃を与えるチームをつくったものだと思うに違いない。

辺土名高校は「やんばる」と呼ばれる、亜熱帯照葉樹林が広がる沖縄本島北部の大宜味村に位置する。本島北部は、2021年に国際連合教育科学文化機関（ユネスコ）から世界自然遺産に登録された地域で、大宜味村へは那覇空港からは道路整備が進んだ今でさえ、車で2時間以上はかかる。辺土名高校の校舎や体育館、グラウンドも山と山に囲まれて守られるようにあり、正門前には広大な東シナ海が広がる、自然豊かな学校である。

沖縄本島北部の中でも北側の国頭村、大宜味村、東村の近隣3村で唯一の高校が辺土名高校だ。1970年代当時は、全校生徒数が900人程度だったが、学校の立地が〝陸の孤島〟と言われるほど、住宅地から離れ、交通の便もよくなかったことから、部活動をする生徒はそれほど多くなかった。そんな環境であったため、バスケ部を強くしようと思っても、限られた人材でやるしかなかった。加えて、人口や学校数の多い本島中南部の学校に比べると、練習試合を組むことさえままならなかった。

当時の沖縄についてもお話ししよう。1970年代半ばの沖縄は、政治、社会など、さまざまな面でいまだ激動の時代が続いていた。日本が高度経済成長期にあった1972年5月15日、沖縄はついに本土復帰を果たすことになるが、置かれた環境がすぐに変わるわけがない。知らない方も多いと思うが、本土復帰したものの、1978年7月30日に変更されるまでは、アメリカ統治下の交通ルールが継続され、車は右側通行のままだった。

もちろん、経済の復興は遅れており、本土との県民所得の格差は大きいままだった。教育の問題も大きかったと思う。高校、大学の進学率も低いままだった。経済的に厳しくて進学を断念したり、学校での部活動を満足にできなかったりした子も多かったはずだ。

そんな中、僕はバスケの指導者を志して、愛知県の中京大学に進学することになる。故郷・沖縄のやんばるで、後輩たちを指導し強いチームをつくりたいという思いからだった。

僕は比較的恵まれていたと思う。沖縄全体が苦しい時代に、好きなバスケに熱中できたのだ。感謝の気持ちと「沖縄に貢献するんだ」という熱い情熱を胸に、大学に通い、指導者を目指した。そして休暇や教育実習などで帰省した時には、母校である大宜味村立大宜味中学校のバスケ部に顔を出し、生徒たちに指導をするようになった。

そうして、1975年夏に出会ったのが、まだ幼さの残る金城健たちだった。バスケが上手くなりたい、チームを強くしたいという貪欲さにあふれ、何でも吸収してやろうという目つきで彼らは練習に励んでいた。小学生の頃から、山の中を駆けまわっていた少年たちである。大自然に囲まれた環境で遊ぶうちに、おのずと体が鍛えられていた。そして、中学のバスケ部では、僕の地元の先輩である外部コーチにずいぶん走らされていた。それらが良かったのだと思う。

基礎体力のある彼らに、僕は大学の部活動で学んだことを理論づけて教えていった。中学でも背の低かった彼らは、自分より背の高い他の学校の選手たちとリバウンドを普通に競っても勝てない。マークしている相手選手をリバウンドの際に背中でブロックして、リバウンドボールを自分の前に落とすスクリーンアウトを僕は彼らに徹底させた。これは、選手たちが頭で理解していても、試合でやり続けるのはなかなか難しい技術である。だが、彼らは言われたことをスポンジのように吸収し、やり切る力があった。

迎えた彼らの中学最後の沖縄県中学校総合体育大会で、大宜味中は国頭地区大会をダントツで優勝し、県大会の準々決勝まで勝ち上がった。国頭地区の代表校が、他の地区の学校相手にそこまで進むのは当時、異例である。そして、那覇市立神原中学校で行われた試合で、県内強豪のコザ中学校を相手に脅威の粘りを見せて、素晴らしい試合をしてくれたのだ。前半を終えたところで20点差に離され、観衆のほとんどが大宜味中の負けは濃厚だと思っていたはずである。だが、ここから彼らは懸命の追い上げを見せてくれた。

エースでシューターの金城バーニーが7本連続でシュートを決め、コートに立った全選手が力の限りディフェンスをしていた。その姿を見ていた僕は、ベンチで指揮を執りながら、感動の涙があふれ出てきてしょうがなかった。試合は1点差に迫りながらも、惜しくも敗戦。試合後の体育館のトイレ前では、選手たちと悔し涙を流した。その時、「彼らと一緒に高校でバスケットをしよう。そして沖縄一を目指そう」と決心したのである。

負けたことはもちろん悔しかった。だが、次につながる〝いい負け〟だったと思う。僕の最初の教え子である彼らは、中学卒業後、後に日本バスケ界を揺るがすことになる辺土名高校へ進んでいくのである。

雑草魂で生まれた〝下剋上戦術〟
「ファイヤーハウス・システム」と「超速攻」

大学卒業後、故郷の大宜味村に戻った僕は、名護市立久辺中学校の臨任の体育教師をしながら、辺土名高校男子バスケ部で外部コーチをするようになっていた。大学在学中に教員免許を取得したが、教員採用試験にはまだ合格していなかった。

大宜味中でバスケを教えた時の僕のやり方が極めて厳しかったと噂が立ち、新年度が始まる前に辺土名高校を訪れた時には、男子バスケ部員はほとんどが辞めてしまっており、2年生に進級する3人しか残っていなかった。その日に練習に来ていたのは二人で、主将を早く決めてしまいたかった僕は、とっさに、じゃんけんで決めるよう二人に言った。

その時、「僕がやります」と自ら言ったのが、辺土名朝吉だった。彼は2年生に上がれば陸上部に転部するつもりだったらしい。だが、僕の主将の決め方に腹が立ち、自ら買って出たと後に話した。そんな彼は、新入生が入部してきた後、僕の過酷な練習にめげないどころか、僕の不在時には、僕の求めるもの以上の厳しい練習を部員たちに与えるようになるのである。

波乱の幕開けだったが、辺土名朝吉の存在に僕は救われた。彼は短気で性格が激しく、自らを劣等感の塊と思っていたようだが、バスケが上達するにつれ、それが払拭されたという。「強くなったから自信が持てた」と言っていた。

辺土名高バスケ部の外部コーチをして2年目には、学校の顧問の比嘉彰先生が中心に指揮を執り、僕は主に朝練を見るようになっていた。比嘉先生も指導熱心だったが、僕もバスケを教えたくてたまらなかった。

その頃には、金城健たち、大宜味中出身の選手たちは2年生になっていた。その他の中学出身の選手たちも含め、皆が着実に成長していた。そんな彼らを見て、僕は全国で勝つチームづくりに着手していこうと決心した。

当時の辺土名は例年、県大会の1～2回戦で敗退するチームだった。しかし、彼らが主力になって以降は、秋の全沖縄高校選手権大会と冬の県新人大会で優勝するまでになっていた。ただ僕としては、各県を代表する全国の高校と対戦した時には、まだまだ勝てないと感じていた。彼らには、高校生になっても解消されていない最大の課題があったからだ。それは〝身長の低さ〟だった。

高さ305センチのゴールリングに、ボールを投げ入れ得点するという競技の性質上、身長が高いことは当然有利になる。全国の学校で選手の大型化が進んでいた中、県外チームとの対戦を考えた時、身体の発育がピークを迎え、体格差がより顕著になる高校の試合で、辺土名の選手たちのその課題は致命的とさえ思えた。

だが、選手としても指導者としても、一度も全国大会に出場したことのなかった僕は、その時こう考えたのである。

《ハンデがあるからといって諦めることほど、つまらないことはない――》

負けず嫌いな僕の心に火がついていた。ハンデを克服して長身のチームに勝つ策は、必ず何かあるはずだ。コーチとして選手たちに接しながら僕は考え抜いた。

1970年代後半の当時、沖縄の高校バスケは、選手に小手先の上手さはあったが、自分たちより身長の高い本土勢を相手にした時に勝てず、全国大会ではほぼ初戦敗退する時代が続いていた。だが、ディフェンスさえしっかり強化すれば、本土勢に対しても沖縄の高校が勝てると僕は見ていた。

それに、上背のない選手たちでも工夫を凝らせば、長身選手をそろえた高校に勝つことができると、強豪校・能代工業がすでに証明していた。当時、全国大会で幾度となく優勝を重ねていた能代工は、オールコートで激しく粘り強く守り、ルーズボールを泥臭く奪うといった〝平面的なバスケ〟を実践していた。

能代工のようなチームはなかなかつくれないが、近づくことはできる。そう考えた僕は、平面的な戦い方を辺土名でもやることにした。そして、小柄だがスピードと俊敏性に富み、シュート力もあり、負けん気の強い辺土名の選手たちの長所に目を向けたのである。

そんな時、『月刊バスケットボール』の雑誌を読んでいると、ある記述に目が留まった。消防車が火事場に緊急に駆けつけることに例えた攻撃の戦術「ファイヤーハウス・システム」である。「速攻よりも速い攻め」ということ以外、詳しくは説明されていなかったが、それを読んだ瞬間、僕は「うりやさ（これだ）！」と叫んでいた。辺土名の選手たちにピッタリな戦術だと思ったのである。

そこから、ゲームでどんな状態にあっても、ボールを得た瞬間、コートのチーム全員が駆けだす約束事をつくった。相手ゴールめがけて、一斉にダッシュして攻め込む速攻よりさらに速い〝超速攻〟の攻撃である。

ボールを奪うか、得点を決められるやいなや、即座に攻撃へ移り、前へ前へボールを運ぶ。相手が守りの態勢を整える前に、得点を奪う形である。例えば、相手が得点した瞬間、間髪入れずにゴール下のエンドライン外へすぐに一人が出る。ボールをもらうと、直ちにスローイン。その後、わずか3本のパスで一気にシュートまで持ち込むスタイルは、後に当たり前のものになった。

〝超速攻〟の攻撃は、能代工がやっていなかった戦術で、辺土名だけのオリジナル戦術である。自分たちの長所に目を向け、勝つための策を必死に考え、最善を尽くしているうちに〝辺土名バスケ〟の原型が生まれていたのだ。

過酷な練習を課して〝辺土名バスケ〟を完成
「1対1ディフェンス」と「追い込みゲーム」練習法

超速攻の戦術に手応えを感じた僕に、もう迷いはなかった。勝つためにチームとしてやるべきことが決まったからだ。1978年4月、バスケ部の顧問だった比嘉先生が他校へ人事異動になり、僕が全面的にチームを指揮するようになると、選手たちに猛烈な練習を課した。のどかな田舎の学校で、体育館だけが熱気に包まれていた。

僕が思い描いていた辺土名バスケは、このようなものだった。

まず守りでは、常に攻撃的意識を持ったディフェンスを心掛ける。すなわち、相手のパスを奪うインターセプトに重点を置いた、当たりの激しいオールコートプレスディフェンスを採用したのだ。簡単に相手選手にボールをフロントコートに運ばせない、ゴール下まで持ち込ませない意識を選手たちに求めた。

一方で、味方がボールを保持すれば、相手の守備が整う前に、超速攻で一気に攻め込む。小柄な選手たちが目まぐるしくコートを走り回り、長身選手をそろえたチームをかく乱し、心身ともに疲れさせる狙いがあった。その結果、相手を制することができる。そのような戦術だった。

だがそれは、一朝一夕に完成するものでは決してなかった。前後半で計40分ある1試合を通して走り続けられる強靭な体力や脚力、忍耐力が必要であり、選手たちがそれを身につけることは、容易ではなかったからだ。それでも、思い描くバスケットを試合で体現できるように、厳しい練習メニューを選手たちに辛抱強くやらせた。

例えば、守るほうが攻撃の選手を次々と相手にするオールコートの1対1ディフェンスの練習に取り組ませた。選手たちには、攻撃を4人連続で防がないと終わらないという決まりを設け、できないと、時には10本連続でやらせた。

オールコートプレスで守り、常に速攻を仕掛ける戦術を完成させるために、能代工がやっていた〝追い込みゲーム〟も取り入れた。これが、選手たちを強くすることに最も効果的な練習になったと思う。

追い込みゲームとは簡単に言うと、ハンデをつけられた状態で逆転せよというものだ。僕はゲームの最初から、スタメンチームに10〜20点差のハンデを負わせ、3分間で逆転するよう求めた。オールコートで相手に当たってどんどん攻め込まないと時間内に逆転できない。相手チームは1本ごとに替わり、スタメンチームは5本連続で勝つまで終わらせず、4本目で負けたりすると1本目からやり直させた。

ゲームには流れがあり、悪くなると得点が入らなくなる。それが続けば、精神的なダメージも大きくなるため、選手たちは少しも気を抜けない。さらには、どのようにしたら勝てるのか自ら考えるようになり、自主性も出てくる。オールコートプレスをかけ切る気持ちが強くなるし、肉体的にも精神的にも強くなるわけだ。弱音を吐きたくなった時にこそ、気迫を出すことを選手たちに求めたのである。

練習は平日に3時間、土日は長くて5時間ほど行っていたと思う。練習中は、常に試合に臨んでいる気持ちで取り組むことを選手たちに課し、ウォーミングアップの時から、気持ちが入っていない動きは決して許さなかった。弱気なプレーを見せた場合も、選手たちを厳しく叱った。

さらには、練習外での生活も意識するよう選手たちに強く求めた。日常生活のいい加減な態度が、試合に出てしまうと考えたためだ。学校生活で、外履きの靴のかかとを踏みつぶして履いている選手を見つけた時には、部活の練習で「それなら、バッシュをぞうり履きにしなさい」と言って、サイドステップの練習をさせたこともある。そのような靴の履き方では、いつケガをするか分からない。自分の足を守ることを習慣づけさせたかったのだ。多くの選手が足をつり、それ以降、ぞうり履きをしなくなった。

そんな激しい指導を伝え聞いた僕の姉から、もっと優しく指導したほうがいいと、たしなめられたことがある。だが、「僕には僕の考えがある」と突っぱねた。選手たちは大変だったと思う。それでも、僕は強いチームをつくるために、これだと思ったことをやり抜く一心だったのである。

そのせいか、新年度になって間もない頃に僕は結婚したが、家での結婚式が始まる直前に少し時間があったことから、体育館へ行き部活動の指導を始めてしまい、熱が入って結婚式のことが頭から離れ、体育館に花嫁が迎えに来たということもあった。

選手たちがバスケの上達に必要なことを自分で見つけられるよう、指導の中であえて答えを言わず、自ら考えさせようと心掛けた。その成果か、日々の過酷な全体練習があるにもかかわらず、選手たちは各自、自主練で山道を走り込んだり、毎日の朝練で100本のシュートを打って、入った数を記録したりするなど、各々の課題を克服しようと歯を食いしばってやってくれた。

彼らの努力には頭の下がる思いで、僕は感謝の気持ちでいっぱいだった。おそらく彼らもバスケが上手くなりたい、チームとして強くなりたいと飢えていたのだと思う。

そんな選手たちを辺土名高校のOBたちも支えてくれた。時折、ゲームの相手をし、スポーツ店を経営していた先輩は、マイクロバスを自腹で購入して、練習試合や大会での選手たちの移動を助けてくれた。

田舎の地で奮闘していた選手たちにとって、自分たちが一体、どれほど強くなっているのか、知るすべはあまりなかったと思う。だが、努力は確実に実り始めていた。

選手への落胆と強くなった絆…
日本バスケの「革命前夜」

1978年の沖縄県高校総体で、辺土名はライバルの豊見城高校を破り、初優勝を飾った。選手たちの努力の成果だろう。豊見城には半年前の県新人大会決勝で、1点差で辛勝していたが、総体では豊見城から124得点を挙げての勝利。力の差がなかったはずの相手に、約40点差をつけたことは自分たちが飛躍的に成長した証だと言えた。田舎の学校にとっては、県制覇でさえも大きな快挙である。だが、その時、僕の目はすでに全国へ向いていた。辺土名にとっても、僕にとっても、初めての全国大会出場だったが〝参加することに意義あり〟と思うなんて、とんでもなかった。

小柄なチームが勝つにはこれだ、という辺土名らしい戦い方を全国の人に見せることに意義がある、と思ったのだ。

だが、県大会の優勝からしばらくして、ある事件が起こった。

練習時間に体育館へ行くと、選手たちが誰もいなかった。仕方がないので家に帰ろうとすると、校舎の2階の会議室が騒がしかった。学校職員による生徒たちへの激励会が開かれていたのだ。もちろん、先生や選手たちに悪気はない。だが、練習を差し置いて選手たちが激励会に参加していることに、僕はガッカリしたのである。全国大会への出場を決めただけで喜んでいるのかと、心底悔しかった。

辺土名高校そばにある自宅の2階の自室で、ふてくされて泡盛を飲んでいると、1階にいた妻から、バスケ部の選手たちが来ていると声を掛けられた。体育館から僕が帰ったことを知り、僕の気持ちを察した選手たちが家に来ていたのだ。渋々1階へ下りていき、選手たちの顔を見ると、悔し涙が出てきた。その様子を見た選手たちも涙ぐみながら「すみません」「またお願いします」と僕に言った。僕は「分かった。頑張ろう」とだけ返した。多くの言葉は交わさなかったが、僕の思いは十分伝わったようだった。そして、この出来事をきっかけに、選手たちと心が一つになり、また頑張ろうと再スタートが切れたのである。

僕らはそこから、さらに厳しい練習に取り組んでいった。オールコートでの激しい攻撃的なディフェンスと超速攻に磨きがかかり、やがて〝辺土名バスケ〟が確立され、揺るぎないものとなっていった。
その頃、僕はそれまでの練習を振り返り、指導ノートに「『全国大会、九州大会へ向けて』心構え！」という決意をしたためた。
《どのチームも平均身長が10〜15センチは大きいと仮定する。身長差は致命的なものであるが、同じ高校生であることに変わりはない》
《県代表として出場するのだから、いくら相手が強かろうが絶対に諦めてはならない。全国大会でゲームができるプレーヤーは幸せであり、沖縄のバスケット、そして辺土名高校のバスケットを全国の皆さんに見てもらう》
《能代の連中にだって気迫は負けていない。同じ人間であることを忘れるな！　一投入魂すれば何事も可能である》
そういった内容だ。そして最後にこう記した。
《日本のバスケットボールの方向性を示すようなゲームを必ずやろう》
身長の低い沖縄勢が本土勢に勝てていなかったように、バスケットボールの日本代表チームも、国際試合で自分たちより体格が大きい外国勢に歯が立たない時代が続いていた。ならばと、インターハイでは辺土名が日本で、本土のチームが外国勢だと見立てたのだ。一生に一度のチャンスを逃すな、という気持ちだった。

指導者として実績がほとんどない25歳の青年が、家の2階で泡盛を飲みながら、気持ちも大きくなって「うりやさ（これだ）！」と勢いに乗って書いた文章である。

その内容をミーティングで選手たちに話したが、何を言っているんだといった表情でみんなポカンとしていた。

だが、僕の決意は、やがて山形インターハイで、現実のものとなっていく。

平均身長は出場校最低の165センチ
素朴な選手たちの「伝説への序章」

大きな目標を掲げたものの、辺土名は沖縄の代表校として出場した全九州高校バスケットボール競技大会で、勝ち上がることはできなかった。前年の県新人大会で優勝した後、2月に出場した九州大会では寒さのあまりまったく力が発揮できず、初戦敗退していた。当時は、インターネットもスマートフォンもなかった時代である。今とは比較にならないほど情報が入ってこない沖縄の田舎で育った選手たちにとって、本土は未知の世界であり、本土の学校のチームに対して、恐れや大きな劣等感を抱いていた。九州大会での敗戦を経て、それを払拭する必要があると僕は考えた。

7月の九州大会が終わると、僕らはそのまま埼玉県の東芝深谷工場で3泊4日の合宿を敢行することにした。埼玉県立川口工業高校など、地元の高校と3試合ほど練習試合を行った。いい内容で勝ったことで指揮官の僕としては大きな手応えを得ていた。だが、辺土名の選手たちは、自分たちが強いとはいまだ信じられず、対戦相手は二軍を出してきたんだろう、ぐらいにしか考えられないようだった。しかし、この時にはすでに、僕らが全国を驚かせる兆しは、確実に見えてきていたのだ。

僕らは強い気持ちを持って、合宿先の埼玉から直接、インターハイ開催地である山形県へ向けて出発した。沖縄のバスケットボール関係者や、僕らの地元の本島北部の人々、辺土名高校の職員でさえも、僕らを激励し奮闘を願いつつも、辺土名が全国大会で勝ち上がるのを、誰一人として想像していなかったはずだ。沖縄の新聞社の全国高校総体取材班の記者も、バスケット競技の現地での取材を当初は予定していなかったという。それほど、辺土名への注目度はかなり低かった。

　1978年8月、場所は全国高校総体バスケットボール競技の開会式会場である山形県体育館。1回戦で対戦する辺土名高校と、開催地代表の山形東高校の選手たちがそれぞれ並んで入場してきた時、両校の身長差は歴然としていた。

　辺土名の各選手は、自分の身長を3～4センチ過大に申告して選手登録していたものの、それでも、チームの平均身長は169・8センチ（実際は165センチ）。これは男子出場63校の中で最も低く、さらに、女子出場校と比較しても低いほうだった。辺土名の最も高い選手であっても、174センチしかなかった。

　スマートで長身の山形東の選手たちの肩ほどの高さしかない、坊主頭の辺土名の選手たちは、見るからに素朴で田舎出の雰囲気が漂う子どもたちだった。試合以外で着る辺土名のジャージは、やんばるの工場でデザインを施して作ったもので、上着は冬でも着られるように長袖で、パンツはクリーム色の下地に白黒のラインが入り、極めてやぼったかった。バスケのユニホームを置いている店は地元になく、通信販売で買ったものだから、全国チームの中でも見慣れないデザインで、辺土名のチームのちぐはぐぶりが際立っていた。

後に耳にしたことだが、山形東の1回戦の相手にあえて辺土名を選んだという噂もあった。地元開催で優勝を狙っていた山形東を勝ち進ませるために、大会本部が試合の組み合わせ抽選で融通したというのだ。全国の出場校から沖縄代表の辺土名はずいぶん見くびられていたのだろう。だが、試合が始まれば、強さを証明することになる。

山形東の地元の大応援団の声援は、すさまじかった。辺土名は、現地から最も離れている離島・沖縄から来ているため、応援者はもちろんわずかだ。普通の選手たちであれば、会場の雰囲気に飲み込まれてもおかしくなかった。だが、引き締まった表情の辺土名の選手たちは違った。日頃の過酷な練習に耐え抜いた彼らにとって、大会での試合はむしろ楽で、楽しみでしかなかったのである。

自信を持って僕は、選手たちをコートに送り出した。

「絶対、マキランドー（負けないぞ）！」との思いを込めて――。

それでも、試合序盤は辺土名の選手たちに硬さが見られ、チームの特徴である脚力を使った攻防が思うようにできなかった。そのような流れの中で頼りになるのが、エースのシューター・金城バーニーである。彼を中心に得点を重ね、辺土名は前半だけで66点を奪い、山形東を12点引き離した。後半になると、地元開催で負けられない気持ちの強い山形東の選手たちが必死に食らいつき、辺土名が一歩でも引けば追いつかれそうな緊張感のある試合展開になった。

しかし、そこから辺土名バスケの真価が発揮された。走り回るバスケを粘り強く続けたことで、山形東の選手たちに疲労が見られたのである。動きが明らかに鈍り、辺土名ディフェンスに対してボールをしっかり運べなくなった。シュートが入る確率が落ち、山形東のディフェンスが引いて消極的になり始めると、辺土名がいい形で攻撃を展開できるようになった。前半低調だったポイントガードの金城健も、〝エースはもう一人いる〟と言わんばかりに奮闘し、怒涛の攻撃を見せ、得点力を爆発させた。

金城健に関しては、全国大会前から、さらに覚醒する予兆はあった。沖縄国際大学との練習試合の最中、低調なプレーをする彼に僕は激怒し「このゲームで50得点したら罰を許す」と追い詰めた。すると危機感を抱いた彼は本当になした。窮地に立たされた時、力を発揮できるタイプだったのだ。

辺土名は山形東と真っ向から点を取り合い、114対105で勝利した。開催地校の山形東との激戦を制したことは極めて大きかった。ただ、選手たちは自分たちが強いとはまだ思っていないようだった。

山形東の選手たちと大応援団は、まさか僕らに負けるとは思っていなかったはずで、結果に呆然としたことだろう。だが、試合中、山形東に歓声を送っていた地元の大応援団が、2回戦以降、今度は辺土名の応援につくのである。辺土名のバスケットが相手チームをも魅了したのだ。

圧倒的攻撃力で怒涛の快進撃！
実業団も注目した「辺土名バスケ」

岡山県代表・倉敷工業との2回戦は、辺土名が前半だけで87点もの大量得点を奪い、39点の大差をつけて折り返した。ハーフタイムの休憩中、僕がトイレへ行くと、すぐそばの水道がある場所で、倉敷工の選手たちがかなり体力を消耗した様子で水をがぶ飲みしていた。それを見た瞬間、「勝負は決まったな」と感じた。辺土名の選手たちがまったく疲れていなかったからだ。

この試合、倉敷工に、いいポイントガードの選手がいた。1回戦の戦評でそれを把握していた僕は、ディフェンス力が特にある宮城兄弟の弟・宮城正樹に、そのポイントガードへ絶対にボールを持たせるなと指示していた。ポイントガードをつぶせば、相手は意図する攻撃ができなくなる。これがピタリとはまった。イライラし始めた倉敷工のポイントガードに試合中、正樹は足を蹴とばされたが、彼はまったく動じなかった。全国の舞台で、辺土名の選手たちが相手に気圧されることはなかったのだ。

その結果、3点シュートのルールがなかった時代に、1試合で驚異の134点をたたき出し、2回戦を圧勝した。ようやく選手たちに自分たちは強いのかもしれないという自信が芽生え始めていたように思う。それでも、僕らに気の緩みはまったくなかった。目の前の1試合に集中して、いかに辺土名のバスケをするか、だけを僕は考えていた。

大会期間中の山形は、例年以上の猛暑だったようだ。だが不思議なことに、僕は平静そのものだった。毎朝、僕は冷たい水をバシャバシャ被り、身を清めた。体は涼しく、心はとても冷静だった。仙人さまの気持ちってこうなのかな、なんて考えたりしたぐらいである。強いチームと対戦することへの恐怖心はなく、ただ試合に向けて考えて、作戦を立てて、ゲームをするだけだった。それぐらい僕は試合に集中できていたのだろう。

3回戦は栃木県の強豪・宇都宮学園との戦いだった。この試合、僕らは苦戦した。試合開始から、辺土名の縦への速い攻撃が封じられ、相手へのオールコートプレスも思ったようにはかからず、一進一退の攻防が続いた。

自分たちのバスケが常に上手くいくわけはない。そのような状況も当然ありえる。自分たちの戦術が対応されている時には辛抱を重ね、チャンスが生まれれば畳みかけるのだ。勝負は後半の体力勝負と見ていた。すると後半、宇都宮にボール運びでミスが出てきて、点差を引き離した。92対80で接戦をものにし、沖縄代表としてインターハイで初のベスト8入りを決めたのである。

大会序盤は、身長の高い相手に対して、少しでも身長差を縮めようと、辺土名の中でも比較的高い選手を入れたりもしたが、それよりも俊敏に動き回れるガードを3人入れたほうが、チームがスムーズに機能することに気づいた。この采配で行く。僕の腹も決まった。

辺土名は完全に勢いに乗った。

千葉県代表・習志野高校との準々決勝では、後半に一時30点差をつけ、1、2年生を投入する余裕さえあった。金城健の〝5人抜き〟ドリブルが飛び出したのもこの試合だ。

試合中の僕の表情から、金城健は、「とにかく行け、頼むぞ！」というような信頼を感じ、試合を任せられている気持ちになったという。それが彼の思い切りのいいプレーにつながった。

3回戦ぐらいから僕は、選手たちの奮闘する姿をベンチで見ていて、練習では見せない笑顔さえ出していた。それは僕が練習では厳しく、試合では選手たちの最大の味方になるよう心掛けていたからだ。そして、僕が笑顔になるくらい、練習で取り組んでいたことが最大限に発揮され、120パーセントの戦いを選手たちは展開していたのである。

チームが低調な時、ルーズボールに食らいつき流れを引き寄せる主将の山川英俊、極めてすばしっこいドリブルで相手を抜き去り、守りが対応できないタイミングと速さでパスをするリードオフマンの金城健、シュートに関しては絶対的な自信を持ち、相手が嫌になるほど決める金城バーニー、そして鉄壁なディフェンスをする宮城武・正樹兄弟。その他のメンバーも、それぞれの持ち味を十分に発揮し、チームに貢献していた。

小柄なチームが大型チームを次々破る光景は、見る者に大きな衝撃と感動を与えたようだ。3回戦を勝ったあたりから、辺土名は他の出場校や大会関係者からがぜん注目されるようになった。そして勝ち上がるにつれ、辺土名の試合を観る客はどんどん膨れ上がった。準々決勝の頃には、大会運営本部の関係者から連絡を受けたらしい実業団や大学関係者らも会場を訪れ、普段は男子チームの試合を観戦しないような女子出場校も、辺土名の試合を観るために会場に残っていた。

満員になった2階客席と、コート周辺の1階フロアに、辺土名の試合を研究材料にしようと撮影用のビデオカメラが何台も設置される光景があった。

日本バスケの革命だ！「辺土名旋風」と「万雷の拍手」

準決勝は、福岡県代表・福岡大学附属大濠と激突した。大濠の全選手が、辺土名の全選手より身長が高い状況で始まった試合である。大濠は、僕らへの対策を十分にして臨んでいた。オールコートプレスで攻撃的に当たる辺土名のディフェンスに対し、彼らはドリブルを使わず、辺土名の選手の頭越しにパスをつないだのだ。

準々決勝まで、相手のボール運びをかく乱できていた辺土名のディフェンスが、この試合では効果を発揮できなかった。辺土名の攻撃の際には、自陣に全力で戻った大濠の選手たちにしっかり守りを固められ、武器である超速攻も封じられた。四つ相撲の戦いをすれば、低身長の辺土名の勝ち目は小さくなる。辺土名は、オールコートプレスから、たまにインターセプトして速攻を決める場面もあったが、相手が上手だった。

同時に、走りまくるバスケで、それまで4試合を戦っていた辺土名の選手たちのスタミナは限界だった。スタメンの主力はほとんど出ずっぱりで、7人ぐらいの選手を中心にずっと戦い続け、疲れが蓄積していたのだ。

全国大会のトーナメントで準決勝より上へ行くには、無我夢中だけでは難しく、選手層を厚くしたりして体力を残しておく必要があった。だが、当時の辺土名には、選手を温存する余裕などなかった。

選手たちは全力を出し切ったが、最終的に99対134で負けた。しかし、その瞬間、辺土名の選手たちに降り注いだのは、試合中に大声援を送り続けていた会場中の観客から送られる耳をつんざくような万雷の拍手だった。「辺土名、ありがとう」との思いが十分こもったものだった。

辺土名の試合が観客の心を打ったのだ。僕も感動してしょうがなかった。涙を流した後、すがすがしい笑顔を見せた辺土名の選手たちも、それまで味わったことのないほどの感動と、成し遂げたことの大きさを感じていたはずである。

大会を終えてみれば、辺土名の県高校総体での平均得点103・6点（平均失点80・4点）が、インターハイで111・0点（平均失点103・4点）にまで跳ね上がっていた。全国大会でなお、辺土名は進化を遂げていた。

大会運営本部の役員がマスコミに、辺土名の「ベスト4」について「3強」という言葉で報道するよう強調していた。僕らを称えてくれたのだ。そして、低身長のチームながら大型チームに速い動きで対抗して勝ち上がり、多くの人の感動を呼んだことに対して、大会運営本部から異例の特別賞である「敢闘賞」を贈られた。

同本部の責任者は、バスケットボールの日本代表が、国際試合で体格差のある外国勢に勝てていなかった状況と重ね、辺土名の試合ぶりについて、こう評したという。

「日本バスケの革命だ」

大会期間中、僕個人としては、他にも感慨深いことがあった。秋田県立能代工業高校監督の加藤廣志先生との再会である。バスケ指導者になる目標を抱いていた僕に、目指すべき方向性を示してくれた生涯の恩師だ。辺土名が勝ち上がる中で、試合会場でお会いすることができた。僕の顔を見ると、加藤先生はニコニコ笑って「安里君、よく来たねー」とおっしゃってくださった。

加藤先生のご恩に報いるためには、まずはインターハイに出ることだと思い、鬼になったつもりで辺土名の選手たちを指導していた僕にとって、本当に感無量だった。

中京大バスケットボール部に在籍していた時の監督だった小林平八先生にも、辺土名が1回戦で勝った時に会場でお会いした。大学時代はとても厳しい先生だったので、僕から話しかけることすらできなかったが、インターハイの会場で先生のほうから満面の笑顔で近づいてきて、声をかけてくださった。

「先生、次はどのように戦ったらいいですか?」

と僕が尋ねると、

「安里君、このままでいいんだよ！」

と背中を叩かれた。

そのやり取りも、僕にとっては実に嬉しかった。

インターハイを終え、沖縄に帰ってくると、僕らが成し遂げたことに対する反響はすさまじかった。全国3位について、報道では〝辺土名旋風〟と報じられていた。ある人は、僕らにこうも言った。


「沖縄バスケの夜明けだ」


インターハイ5試合で平均35・8得点を記録し、準決勝の大濠戦では40得点を挙げ、ポイントガードとして誰よりも走った金城健は大会後、入院するほど体調を崩した。それほど命を削るようにしてみんな戦ったのだ。

彼はインターハイでの活躍が評価され、ジュニア日本代表に選出された。その年の国体へ出場する沖縄代表の選手の決定がインターハイ前だったことから、彼は国体の選手には選ばれずに日本代表に選ばれるという妙なことも起こった。それほど辺土名の快進撃は地元の人にとっても衝撃的であり、想定外のことだった。

インターハイから沖縄に戻ってきた後、僕らは身近で最も栄えた、国頭村の商店街の辺土名大通りでマイクロバスに乗って凱旋パレードをした。やんばるなのでもちろん、見物人は極めて少なかったが、いい思い出である。

辺土名を指揮してインターハイ3位になった経験を通して、僕はこう思った。

目標を立てて可能だと信じ、突き進めば、達成できる。笑われてもいいから、高い目標を立てることが大事だ、と。

僕はその年の教員採用試験でも合格できなかったため、地元のスポーツ店で働きながら、辺土名高校男子バスケ部の外部コーチを続けた。指導者として全国大会初出場で3位という成績を収めたが、それより上に行くには、大きな壁があるのも感じた大会だった。それを乗り越えたいという情熱が、僕の中で燃え上がってきていた。

そこから、「打倒能代工」「全国制覇」という次の目標への挑戦が始まったのである。

辺土名高校時代の最初の教え子
1978年山形インターハイ・3位メンバー

金城健

「全国大会3位は、僕にとっての集大成だったと思います」

最初に安里先生と出会ったのは、小学生の頃です。当時、中学3年生だった安里先生は、バスケ部のシューターで点取り屋。シュートフォームがきれいでよく入るし、ディフェンスはとにかく一生懸命で気迫があって、勝ち負けにこだわる人でした。安里先生から、試合中の自分をカメラで撮ってくれと頼まれたこともありましたね。

僕が大宜味中学校の1年生の時から、安里先生は沖縄に帰ってくると、僕らにバスケの指導をしてくれました。中京大学のユニホームを着て洗練されていて、憧れの存在でした。今と変わらない情熱で、時間をきちっと守るし、毎日僕らの練習を見るし。練習メニューを黒板に書くなんて僕らには初めて経験することばかりで、先生の本気度が伝わってきました。この人についていけば、優勝するのは間違いないと感じていました。

辺土名高校で僕が3年生になる頃から、安里先生が全面的に指揮を執るようになりました。練習はもう猛烈で、激しかったですよ（笑）。特に僕なんかは、結構しごかれました。能力はあったと思いますけど、精神面でチームの要という自覚がなかったので、その自覚を育てるために厳しくしてくださったのだと思います。

オールコートの1対1のディフェンスの練習での話です。オフェンス側も、ボールを取られると先生に叱られるので、ピリピリした雰囲気がありました。その練習では、1人につき4回（4人）ボールをカットするまで終われないという決まりがあったのですが、僕はそれ以上、要求されていましたね。9人、10人と相手にすると、もうヘロヘロです。それでも先生は許してくれなくて……。人間だから逃げたい気持ちになりますけど、そこから「もっとやれ！」「気迫を出せ！」と。

気迫を表現する練習だったのかなと思います。それで精神的に強くなったところはありますから。限界を超えるというのかな。へばってももう一回立ち上がるんだという体験をしたのは大きいですね。あれがあったから、全国大会で他の高校生たちがへばるところを、こっちは逆に上がっていく。試合が楽に感じましたね。

山形インターハイでは、僕らがひたすら粘るので、相手が先に疲れてきました。前後半20分ずつの試合で、後半残り10分くらいから、相手のガードがボールを運べなくなるんです。僕らに走らされて、相手はイライラしていましたね（笑）。

3回戦くらいから、もしかしたら僕らって強いのかもしれない、という認識に変わっていって、自信を持つようになり、負けないぞと思いました。

僕ともう一人のエースの金城バーニーは、早いタイミングでシュートを打つことを先生から許されていました。それが入るもんだから、二人で常に早く打っていたことを覚えています。二人とも5割くらいは入っていたんじゃないかな。先生から僕は、ボールを持ったら1対5をやるくらい攻めてもいいから、と言われていました。相手に得点されたら、自分でボールを持っていってすぐにシュートを打つんですよ。ありえないでしょ（笑）？ 全国大会は、1日1試合だからこのバスケットができたと思います。試合中、ものすごく走っていましたね。

3位に入った時に感じたのは、満足感だけでした。全国のレベルも分からない高校生が、1回戦を勝てばいいというところから、どんどん力を発揮して、結果3位。もう一回ああいうバスケをやれと言われても、できなかったかもしれない。あれが集大成だったのだと思います。

高校を卒業して、安里先生と同じ中京大に入学した後は、集団生活に馴染めず苦労しました。沖縄の人が少しバカにされることもあったんです。バスケにおいても、当時4年生のスーパースターがいたんですが、僕とプレースタイルがまったく合わなくて……。僕が自分のタイミングでシュートを打つので、今までの点取り屋からしたら気分が良くなかったんじゃないかな。試合の時にも、その先輩とぶつかって、「帰れ」「試合に出るな」とか、「やめたほうがいいよ」とか、つらい接し方をされることが多くて、落ち込んだことが多々ありましたね。

1年生の時の西日本大会だったかな。当時は、チーム内での雰囲気も悪かったし、自分自身ももうダメだと思っていたんです。ウチナーンチュだから言葉で上手く伝えられないし、緊張もしていて……。そんな時に、強豪の大商大との試合に出場する機会がありました。

後半残り10分で20～25点差ぐらい離されていて、いわば敗戦処理だったんですが、そこから僕が20点ほど得点をあげて勝利したんです。最初の1本のシュートを決めてから、まるで高校時代のバスケを思い出した感じがしました。その試合から周りは、僕を戦力として見てくれるようになったんです。

それからレギュラーで試合に出場するようになり、犬猿の仲だった先輩も〝金城頼むぞ〟と信頼を置いてくれるようになりました。2年生の時にはインカレでベスト8に入り、アシスト王になることもできました。

1年生の頃にあそこで負けていたら、たぶんその後はなかったと思います。高校時代に乗り越えた、つらくて苦しかった経験のおかげですね。

第2章
安里幸男の原点

目標に掲げた『打倒能代工』。
その上にあるのは、加藤廣志先生から贈られた
『泥くささを大切に』の文字の色紙

体育館のない〝陸の孤島〟で育った幼少期「ぬかるみドリブル」と「苦い記憶」

先述したように、僕の生まれ育った故郷は極めて田舎で、通っていた大宜味村立大宜味小・中学校、県立辺土名高校（当時は琉球政府立辺土名高校）はともに、体育館さえなかった。当時はまだ沖縄がアメリカの統治下に置かれていた時代で、人々の生活は経済的に厳しく、沖縄の多くの地域が似たような状況だったと思う。

そんな本土復帰前の１９５３年12月22日、僕は７人きょうだいの三男として生まれた。僕らの住んでいた場所は、山と川と海に囲まれた〝陸の孤島〟とも言われる、田舎のさらに辺ぴな地。高校と我が家を含めた４軒の民家だけがあり、僕の実家は辺土名高校のすぐ隣の、生徒たちから「安里屋」の愛称で親しまれる商店だった。もともと僕の家は高校が建つ場所にあったらしいが、学校建築に伴い周辺に移転したという。

当時を振り返ると、高校と日常生活が密接に結びついていたように思う。家から国道へ出るにしても、僕ら家族は高校の校内を通る必要があったほどだ。だからか、自然と幼い頃の僕の遊び場は高校のグラウンドになっていた。

記憶にほとんどないが、僕は3～4歳の頃から、そこでバスケ部の生徒たちが練習に励む様子をよく眺めていたそうだ。

僕自身、バスケを始めたのは、中学の部活動からである。全校生徒は約90人の小さな学校だったが、部活動でバスケ部は花形であり、伝統的に盛んだった。中学校に入学後、当然のように僕も入部。シュートがリングを通って入り、ネットを揺らす感覚に魅了され、すぐにバスケの虜になった。家に個人用のボールも持てない時代である。上手くなりたくて、部活動の時間に夢中で一生懸命練習したのを覚えている。

だがやはり、バスケの強いチームをつくるにはほど遠い環境だった。屋外のグラウンドのコートで日々取り組む練習は、雨が降ると、土の地面がグチャグチャにぬかるみ、ドリブルも満足にできなかった。

さらに最大の問題は、バスケ専門の指導者がいないことだった。ランニングシュートやロングシュート、パス、ゲームなどの練習を一生懸命やるものの、試合で勝つことを深く追求しているとは言い難い練習内容だった。生徒たちだけで、部で代々引き継がれてきた形ばかりの練習を懸命にやったところで、チームが強くなれるわけがない。中学2年生の時に、大宜味村、国頭村、東村のやんばる3村を区域とする、辺土名地区大会で優勝したものの、県内全地区の代表校が出場する県中学校総体では、1回戦で敗退した。

その後、先輩たちが引退し、チームで最上級生となった僕は主将を務めることになった。自分たちの代で雪辱を果たそうと意気込み、授業中にも、先生の話を聞かずに攻撃のフォーメーションを考えてはノートに書き連ねた。しかし、そう簡単に現状は変えられなかった。試合に勝つことだけを考えて練習に励んでいたにもかかわらず、前年に優勝できた地区大会で敗れ、県大会に出場することさえできなかった。

2年連続の地区大会優勝を狙い、県大会で前年を超える1勝以上を必ずすると勇み立っていた僕は、大きく落胆した。悔しさばかりが募った。だが、バスケをする環境は、辺土名高校へ進んでもまったくと言っていいほど変わらなかった。入部したバスケ部に、専門の指導者も相変わらずいなかった。

〝バスケットボールのコーチになる！〟
安里の「勝利への渇望」と「一大決心」

先に述べた通り、当時の辺土名高校は、部活動をする生徒が少なかった。学校の所在地が生徒の多くが住む住宅地から離れた僻地にあり、路線バスの本数も少なく交通の便が悪かったためだ。生徒たちの間で、部活を頑張る雰囲気も希薄だったと思う。そういう状況だったので、バスケ部に入部する生徒も限られていた。

僕の代の部員は、僕ともう一人の同級生のみ。主将となった僕は、1年生の後輩部員との10人あまりで、少ないながらも団結した強いチームづくりに懸命に取り組んでいた。

バスケ部のために、辺土名高校の生徒総会で示された予算配分に対し、異議を申し立てたこともあった。他の部活動より備品の多い野球部や文化系の部活動に予算が多くついていたためだ。当時の僕を知る体育教師の恩師から聞いた話だが、バスケ部の予算増額を求め、全校生徒の前で声を上げる僕に、教師らは頭を抱えていたという。

僕自身は、あまり覚えていない出来事だが、それだけバスケ部の練習環境を少しでも改善し、チームを強くしようと必死だったのだろう。恩師は、普段は寡黙な僕が疑問に感じた部分を指摘し、自己主張する姿を見て感心したと、後に話してくれた。

僕は、とにかくバスケが上手くなりたかった。試合に勝ちたいという一心で、全体練習を終えた後や休日にも、一人、学校のグラウンドでドリブルやシュートの練習に黙々と励んでいた。勝利に飢えていたのだと思う。

グラウンドでは、強豪だった陸上部もよく練習していた。投てきと1500メートル、3000メートル競走の各種目で、県優勝を果たす先輩二人がいつも熱心に汗を流していて、それが僕の励みになった。

結局、高校時代、バスケ部の成績は地区大会でも優勝できず、県大会では、3年生の時の高校総体1回戦での1勝のみだった。高校最後の試合はどの学校に負けたのか、どういう試合内容だったのかも覚えていない。

悔しさをその後、あらゆる部活動の生徒が出場する、県高校対校陸上競技大会の五種競技にぶつけた。最終種目の400メートル競走で、トラックの最終コーナーを回り、疲労困ぱいになりながらも「マキランドー(負けないぞ)!」と必死に気迫だけで手足を動かした。不思議なことに体がすっと前へ出られたのは、高校3年間、バスケ部で自分を厳しく鍛えた成果だったのかもしれない。そこで8位に入賞できたことが、僕のせめてもの慰めになった。

環境に悩まされ、もがいた寂しい高校の部活動生活だったが、悔しい体験を積み重ねるうちに、負けず嫌いな僕の中に、ある感情が芽生えていた。

《将来は自分がバスケットボールのコーチになって、やんばるの後輩たちに教えよう》

指導者がいないのなら、僕がなろう。後輩たちに同じ思いをさせたくない。そういう思いだった。

卒業後の進路を考えていた時、一人の体育教師から、愛知県にある中京大学体育学部への学校推薦ができるという話を聞いた。僕の住んでいた村で、バスケをやるために本土の大学へ進学した者がいるなど聞いたことがなかったが、僕は迷わず、先生のその話に飛びついた。

小さな島の沖縄のやんばるで育ち、それまでたった一度も沖縄から出たことがなかった僕が、本土の大学へ進学し、バスケを学び、教員免許を取得して沖縄に帰ってくる。どういう経験が待っているのだろうと考えると、ワクワクした。

学校から望む見慣れたはずの広大な海は、青く、穏やかな波音を奏でていた。今振り返れば、自分自身の夜明けを求めて、僕は行動しようとしていたのかもしれない。
目標に向けた第一歩を、僕は確実に踏み出した。

県外のレベルの高さに驚愕した中京大時代
「三軍なりの負けん気」と「五輪選手のすごさ」

1972年春、中京大学体育学部へ入学するため、パスポートを持ち、沖縄から船で愛知県へ向かった。パスポートが必要だったのは、沖縄が日本へ復帰する約1カ月半前で、いまだアメリカの統治下だったからである。初めての本土への渡航は、船酔いをしてしょうがなかった。

中京大は、名古屋市昭和区八事本町にある名古屋キャンパスと、僕が入学する前年に豊田市に完成して体育学部が移転してきた豊田キャンパスからなる。豊田キャンパスは市郊外の少し田舎の場所にあり、沖縄の小さな村から出てきた僕にとっても、あまり違和感なく暮らせるような感じがした。

一方で、僕が入った豊田キャンパスそばの寮と大学構内での人の多さや、体育館などの新しい施設の充実ぶりには驚かされた。4階建ての体育館は、1階にトレーニング室や教官室、2階にバスケットコートがあり、そのフロアは陸上競技の棒高跳びの練習もできるような造りになっていた。さらに3階に300メートルトラックの室内グラウンドがあった。キャンパス内には他に、日本陸連の公認施設と認定された陸上競技場も備わっていた。

沖縄で身を置いたことのない環境に、気後れしそうになったが、そこは〝初志貫徹〟である。大学でバスケを学び、指導者になってやんばるの後輩たちに教える、という志は決して揺るがず、僕は中京大バスケ部に入部した。

そこでの一軍の選手たちのレベルは、衝撃的なほど高かった。全国の大学バスケのリーグは、関東と関西の両リーグが特に強く、中京大が加盟している東海リーグはそれらよりやや劣ると見られていた。

だが、当時の中京大には、僕の1学年上で1976年のモントリオール五輪へ日本代表選手として出場する、197センチセンターの清水茂人さんや、僕の同学年の高校バスケ強豪校・能代工業でスタメンに名を連ねていた素晴らしいガードの猿田清文選手らがいた。

選手たちは皆、当たり前のように驚くほど高い確率でシュートを入れる。さらには2メートル近い身長の選手が、それまで僕がこの目で見たことのなかった、ダンクシュートも試合で決めるのを目撃し、驚きが隠せなかった。

中京大を率い、東海リーグで1963年から28連覇の偉業を成し遂げる名将・小林平八監督の指揮の下、彼らが後に西日本学生選手権において、1973年から2連覇を達成するのである。

小林監督自ら、その能力を評価し勧誘した選手を一軍とするなら、その他は二軍だった。日々の練習場所も一、二軍それぞれで異なり、一軍が名古屋キャンパスの体育館で小林監督から指導を受ける一方、二軍は豊田キャンパスで一軍のコーチ兼マネージャーの学生の指示で練習した。

二軍といえども、僕のように高校時代、県大会の1、2回戦で敗退する弱小チーム出身者はいなかった。大学に進学してまでバスケをするのだから、インターハイや国体などへの出場経験のある者たちばかりで、僕は二軍の中でも〝下の下〟。〝三軍〟と言ってもいい実力だった。ハーフコートでの練習が主だった高校時代とは違い、大学ではフットワークやパスの練習から、オールコートを使った走る練習が多く、とにかく皆についていくのに必死だった。

年に数回、二軍の僕らも形程度に参加する合同練習があったのだが、一軍の選手たちが見せる一瞬の隙もないプレーや緊張感は、すさまじいの一言に尽きた。その一軍の中に、僕の同学年の選手も数人おり、大会でも活躍していた。一軍と二軍の実力差は比べものにならないほどかけ離れていて、一軍に昇格できる可能性がほとんどないことは、二軍の誰もが分かっていたと思う。

それでも、僕が挫折感を抱くことはなかったし、バスケをやめたいと思うようなことも一度もなかった。なぜなら、〝バスケのコーチになる〟という明確な目標があったからである。だから、周りのレベルがどうであろうと、僕の意志と行動はまったくブレることはなかった。そして、こう思っていた。

《今に見ておけ、卒業してからが勝負だ。絶対、マキランドー（負けないぞ）！》

田舎の実家で商店や養豚を営んで学費を工面してくれている両親のためにも、という思いも強かった。

ある日、一軍との合同練習で、一軍の選手たちが休憩している間に、二軍の選手たちが試合をする機会があった。張り切ってプレーしていた僕は、相手選手と接触して自分の右眉上部を切り、流血してしまった。その時、休んでいた清水さんが僕の所へ急いで近づいてきて、マネージャーへ応急処置を頼み、「大丈夫ですか？」と親身になって心配してくれたのだ。後にオリンピック選手にもなった彼が、僕にそこまでしてくれるのかと感じ、彼の人間性に涙した。

僕の後の指導者人生にどのような形で影響を及ぼしたのかは分からない。だが、機会が少ないながらも全国トップレベルの選手たちと直に接し、練習や大会で彼らのプレーをよく見ることができたことは、僕にとって間違いなく貴重な経験となった。

大学バスケで見えた「沖縄の課題」と小林平八監督から送られた「唯一のエール」

小さな島から飛び出し、本土へ来たことの利点がもう一つあった。それは、4年間の大学バスケの活動を通して、県外のさまざまな大学チームの戦い方や選手たちのプレーを豊富に、間近に見られたことだ。そのおかげで、故郷・沖縄のチームや選手の特徴と課題について俯瞰して考えられるようになった。

高校時代はもちろん、大学の途中まで、僕は自分のプレー技術の向上とバスケの指導法を学ぶことだけを意識していた。一方で、沖縄のバスケがどうであるとか、分析したり考えたりすることはまだできていなかった。

僕が大学2年生だった1973年、沖縄の日本復帰を記念した沖縄特別国体（若夏国体）が開催された。大会に合わせて、選抜選手を強化した沖縄の高校男子は準優勝。その翌年には、全国中学校バスケットボール大会で、沖縄市立山内中学校が初めて準優勝に輝くなど、沖縄の子どもたちが全国と渡り合える力の片鱗が見え始めているようだった。だが、その他の全国大会では勝ち進むことができず、本土勢の厚い壁に跳ね返され続けていた。

その時、僕が沖縄バスケで課題と捉えたのが、〝ディフェンス力〟だった。沖縄の子どもたちは身長は高くないが、バネのある子が多かった。さらには、米軍基地向けのテレビ放送を通じて、ＮＢＡ（アメリカのプロバスケットボール組織）の試合を見られるなど、世界最高峰のアメリカのバスケ文化に触れられる機会が多く、その影響を受けてか、個人技に優れた選手が多く見られた。

そんな状況下にある一方、沖縄勢が主にやっていたのはハーフコートのバスケだった。大型化が進む県外勢と対戦した時、自分たちの守りでは、高身長の相手選手にゴール下まで楽に入られてボールを持たれてしまう。かたや攻撃時には、相手陣営でしっかり守備の態勢を整えられてから攻めるという、苦しい戦い方をしていた。

そんな体格差がまともに出る戦い方をしていては、いかに個人技に優れていようと、バスケットボールという競技の性質上、身長のないチームが勝つことは難しくなる。中学より体格差の影響が大きく出る高校ではなおさらだった。

だから、まずはディフェンスをしっかり強化すれば、沖縄勢にも勝機は十分出てくる。僕はそう考えるようになっていた。ただ、それがどういう戦い方なのか、大学時代にはまだ、明確には見えていなかった。

「走れ、走れ、中京大」がチームのスローガンであるように、選手それぞれに高い技術がありながら、脚力で勝負する中京大のバスケットスタイルからも当然、僕は大きな影響を受けた。大学バスケの大会で多くの試合を見たことで、さまざまな刺激を受け、それが僕の中に蓄積して発酵し、やがて僕の目指すべきバスケの方向性がおぼろげながら見え始めてきたような気がした。

中京大バスケ部に在籍していた時、大学の大会だったか、一般の大会だったかは覚えていないが、愛知県内で同一の大学から複数チームの出場が認められた大会があった。その大会へ僕は、中京大の一つのチームの主将として出場したことが一度だけある。いわば三軍だった僕が、シューティングガードとして奮闘した思い出深い大会だ。指導者になるべく進学した大学時代、選手としても力の限りを尽くした。

一軍との合同練習があったある日のこと。僕ら二軍の選手たちが、小林監督の教官室に呼ばれたことがあった。監督は、若夏国体の高校男子の沖縄の結果に触れ、僕のほうを向いてこう言った。

「沖縄だって、こういうふうに準優勝できるんだ。安里、お前も頑張れ」

小林監督は、日頃から選手に厳しい監督だった。僕ら二軍が4年間練習していた豊田キャンパスのコートに、監督はおそらく一度も姿を見せたことはなく、もちろん僕はほとんど声を掛けてもらったことがなかった。だからこそ、学生時代に唯一いただいた言葉は今でも覚えているし、嬉しかった。小林監督からは、強いチームを育てる緊張感のある雰囲気づくりと、選手への声掛けを学んだと思っている。

名古屋キャンパスでの一軍の練習に参加して夜遅くなった時間帯に、二軍の仲間たちと路線バスで1時間近くかけて帰り、豊田キャンパスの最寄りのバス停そばのラーメン屋で食べたラーメンライスが、ものすごくおいしかったことを今でも思い出す。大学時代の4年間をともに過ごし、その後も続く、バスケ部の仲間たちとの絆も僕の人生の大きな財産になった。

そんなかけがえのない日々を過ごした大学の卒業と沖縄への帰郷の時期が近づく1975年冬。僕には、本土にいる間にもう一つ、やろうとしていたことがあった。

〝完全制覇〟に突き進む秋田の雄
高校絶対王者・能代工業高校の衝撃

大学卒業を翌年に控えた1975年年末。僕は午前3時に起きて工場へ行き、商品を梱包する約1カ月間のアルバイトに従事していた。一般の社員が担いにくい未明の時間帯の人員をアルバイトで補っていたのだろう。時給はよく、僕にとっても好都合だった。

アルバイトの目的は、高校バスケの絶対王者・秋田県立能代工業高校男子バスケットボール部の練習の見学へ行くために、旅費を稼ぐことだった。

当時、能代工は、高校バスケの3大タイトルであるインターハイ（全国高校総体）と国体、全国高校選抜優勝大会（ウインターカップ）の3冠すべてを1975年に制し、2年連続の全国大会完全制覇へ突き進もうとしていた。

大学を卒業し帰郷する前に、日本一のチームが日頃、どのように練習に取り組んでいるのか、この目で見ておきたい。そんな思いだったのである。

能代工は〝走るバスケ〟で全国の高身長の強豪校を打ち破ることで知られていた。毎年のように、名ガードを輩出しており、ポイントガードの育成法や、能代工の〝伝家の宝刀〟と言われていたオールコートゾーンプレスのディフェンスのやり方を学びたいと僕は考えていた。

2月のある夜、学生服姿にカバンを一つだけ持ち、名古屋からの夜行列車に乗って、僕は一人、秋田へ向かった。もちろん、東北へ行くのは初めてである。能代工バスケ部の練習見学の約束などは取りつけていなかった。今思えば、ずいぶん世間知らずの無骨な青年だったと思う。

だんだんと車窓から見えていた都会の町明かりが少なくなり、やがて夜闇の景色に変わっていく。暖色系の薄暗い車内で揺られていると、中学時代まで実家でランプの明かりで生活をしていたことを思い出し寂しくなった。それでも、ここまで来た以上、帰るわけにはいかない、と自分に言い聞かせた。夜が明けると、田園など田舎の風景が広がっていた。

午前中に秋田に着き、電車を3度乗り換え、最後は一両の電車で能代工業高校の最寄り駅に到着した。ホームに降りると、目の前にバスケットリングが設置されており、バスケの町であることを実感した。一方、南国生まれの僕にとって、2月の秋田は、手足がかじかみ、まさに凍てつくような寒さだった。ますます、えらい所に来てしまったという思いに駆られた。

学校が放課後になるまで時間をつぶし、午後4時頃になってから訪問したと思う。校内にいた生徒に体育館の場所を聞き、建物に近づくと、選手たちの練習の声が中から聞こえてきた。教えられた通り、体育館の横の扉を開くと、そこは正面玄関ではなく、いきなり、坊主頭の選手たちの姿が目に飛び込んできた。

コート二面で、50~60人くらいの選手たちがいただろうか。僕の姿を見るなり、全力で動いていた練習を一斉に止め、全員が直立不動になって、勢いよく挨拶してきたのである。快活な声が一気に僕に向かってきて、たじろぎそうになる。選手たちの目は情熱に燃えていて、その集まった視線は僕には、巨大な一つの目のように見えた。

いっときの後、彼らは機敏に練習に戻り、再びコートを激しく走り始めた。

マネージャーの生徒が僕に即座にスリッパを持ってきて、監督の隣に用意されたイスに案内された。その監督こそ、能代工を秋田から全国の押しも押されもせぬ強豪校に育て上げた、高校バスケ界のレジェンド指導者・加藤廣志先生だった。

イスに座った僕は練習風景を夢中になって見つめ、興奮していた。選手たちの反応や行動を見て、悟るものがあったのだ。〝やる気に満ちあふれた集団とは、こういう集団を言うのだ〟と、激しく感情を揺さぶられた。

体育館内は、まるで冷凍庫の中だと思えるほど寒かった。しかし、汗びっしょりの選手たちは、体から湯気を立ちのぼらせながら、闘志あふれる貪欲な目でひたむきにボールを追いかけていた。コートそばで、防寒服を着た大柄な加藤先生が、ずっと立ちっぱなしで選手たちに激しく檄を飛ばすなどして指導していた。

その様子を見ながら僕は、ポイントガードの育成法やオールコートゾーンプレスのやり方など、技術面を学ぶことばかりを考えて能代工を訪れていたことに、心底恥ずかしくなっていた。

《人をその気にさせたら技術なんて後からどんどんついてくる。技術面より先に、やる気に満ちあふれた集団をつくることが最も大事なんだ》

そう思うようになっていた。

選手たちはバックボードに、代わる代わる空中でボールを当てるタップや、リバウンドの練習など、短時間のメニューを、切り替え早く次々こなしていった。2〜3時間ほどの練習内容がどうだったか、あまり思い出せないが、体育館の扉を開けた最初の瞬間は、今日に至るまで僕の脳裏に鮮烈な記憶として残った。それぐらい、僕にとっては衝撃的であり、後の人生を大きく変える出来事だったのだ。

練習が終わり、僕が宿の予約も取っていないことを知った加藤先生は、僕を自宅に招き、泊めてくれた。

目指すべき〝指導者像〟が見えた！
高校バスケ界の名将・加藤廣志との一夜

加藤先生は、僕を自宅に泊めてくれるだけでなく、夕食もご馳走してくださり、さらにはそれまでの自身の指導者としての体験談や、考えを懇切丁寧に話してくれた。

「欠点は誰もが持っているから、選手の長所を発見し、いかに伸ばして欠点を補っていくかが大切である。選手にやる気を起こさせ、自主的に運営することが望ましい」

加藤先生のこの言葉は、後に指導者としての僕をしっかり支える柱となった。

加藤先生は他にも、マネージャーの役割やチームにおける重要性についても強調していた。当時の能代工の場合、マネージャーは選手の中からスターティングメンバーに次ぐ実力者に担わせていた。部を指導する監督といえども、学校の職員としての業務も抱えており、部活動のすべての時間を見ることはできない。監督の不在時に、選手たちがしっかり練習に取り組むよう指示するのが、マネージャーの役割なのである。

僕も指導者になって、すべての赴任校においてではないが取り入れていった。

加藤先生の著書『高さへの挑戦（改訂版）』（秋田魁新報社）には、僕が能代工を訪れた時のことが記されている。加藤先生の目に、学生の僕はずいぶん寡黙な人間として映ったようだ。

能代工で33回の全国優勝を成し遂げ、1990年に監督を勇退した後、自身のバスケット人生をまとめた著書によると、当時、能代工には多くのバスケ指導者が訪れていたそうだ。ただし、そのほとんどが熱血型で、僕のように「寡黙で、しかもとらえどころのない男」は初めてだったという。そして「このまま沖縄に帰しても、この男に果たして無事教員が務まるであろうか」と気をもみ、「指導者としても大成することはあるまい」と思ったと、加藤先生は明かしている。

あの時、僕は加藤先生にただただ圧倒されていたのだ。能代工の練習見学に約束なしで行ったにもかかわらず、しっかり練習を見せてくれて、夜には学生の僕が経験したことのないバスケの話を本当に真摯に話してくれた。そんな加藤先生から度量の大きさを感じて、インターハイにも出場経験がなかった僕は、ただ黙って先生の話を聞くこと以外、何もできなかったのである。

だが、そうしているうちに、僕の中でとてつもなく大きな変化が起こっていた。沖縄の田舎から、将来、バスケットコーチになることを目指して中京大へ進学し、バスケ部で揉まれた4年間。それまでバスケ環境がいいとは決して言えない場所で育った僕にとって、大きな刺激と学びになったことは間違いないが、目指すべきチームや指導者像、高い志は持てていなかった。

後から振り返れば、バスケの知識について、吸収しようとする姿勢も学生の頃はまだ甘かったように思う。だが、能代工の練習を直に見て、加藤先生から話を聞いたことで〝能代工のようなやる気に満ちあふれた集団をつくりたい〟〝気迫と泥臭いプレーで勝利する能代工に負けないチームをつくりたい〟という、明確な願望が僕の中に芽生え始めたのである。

おぼろげながら、目指すべき方向性が見えてきた。それは何者でもない一学生だった僕が、自ら行動を起こし、能代工を訪問したことで得られたものだった。

生涯の師が安里の試合に感涙…「勝利への指導論」と「40年の絆」

後に僕は、加藤先生の著書を舐めるように読み、大事だと思う部分にはマーカーを引き、先生の考えや指導法、チームづくりのやり方を、自分なりに取り入れ血肉と化していった。

上背がない沖縄のチームに特に当てはまるが、高さに対抗するためにオールコートで守り、攻守の切り替えを速くしてコート中を目まぐるしく走り回る〝平面的なバスケ〟が必要であるという考え方は加藤先生から学んだ。さらには、用意周到な準備の大切さや、どんな時も、あらゆる物事からチームが強くなるヒントを得ようとする姿勢も自分の指導理論に落とし込んだ。指導者には、深い愛情と燃えるような激しい情熱が必要であり、指導者が本気であれば選手たちも真剣に応える、という考えにも感銘を受け、僕の信条となった。

辺土名高校が3位に入った山形インターハイの会場で、加藤先生は辺土名の試合を観て驚き、感動の涙を流したという。辺土名のオールコートのプレスディフェンスや選手の走力、攻守の切り替えの速さなど、どれを取っても、加藤先生が思い描く能代工のバスケットスタイルであり、チームを指揮する僕に対して「あの無口で無表情な男がよくここまで…」「あいつ、やったな」と拍手を送ってくれたことが著書では書かれている。

その頃の能代工は、前年の1977年から全国大会で勝てない時期が続いていた。上背のある選手がそろい、走るバスケが薄れたことが原因だと感じていた加藤先生は、辺土名の試合を目にし、それが能代工本来のスタイルだと思い出すきっかけになったのだという。多くの指導者が取り入れようとして、なかなか実現できなかった能代工のスタイルを幸いにも僕にはできた。それは、僕にバスケの知識が豊富でなかったからかもしれない。少ない知識で能代工のバスケットに出会い、この形こそ目指すべきスタイルだとひらめいた。そして、それを会得するまで愚直にやり続けたからこそ、実現するに至ったのだと思う。

能代工以外の試合で、加藤先生を感動で泣かせたのは、僕以外ほとんどいないのではないか、と自負しているし、僕の中での人生における自慢である。

加藤先生とは、その後も交流を深め続けた。僕が高校の正規教員になった後の１９８７年、沖縄で開催された海邦国体に、加藤先生が秋田代表の能代工を率いて出場したときのことだ。僕は沖縄の成年男子のコーチを務めていたので直接対戦することはなかったが、大会後に先生からハガキが届いた。沖縄が海邦国体の競技全体で総合優勝を果たしたことを祝福し「国体が成功裡に終わり、沖縄県民の誇りに満ちた顔を見てとても嬉しく思います。いよいよ安里さんの時代です。大いに頑張ってください」と書かれた言葉に胸が熱くなった。

僕が北谷高校に赴任する1989年以降は、全国の強豪校が集う能代カップにも出場させてもらった。加藤先生は北谷を率いて能代に来た僕を、出場校の監督らとの懇親会の後、一人だけ自宅に招いてくれた。学生時代、僕が泊めてもらったあの家である。二人でワインを7本くらい空け、バスケやそれ以外のさまざまなことについて話に花を咲かせた。先生と一緒に飲む酒だから、おいしいに決まっている。

加藤先生が1998年に定年退職した後も親交を深め、それは2018年に先生が病気で亡くなられるまで続いた。僕が毎年お歳暮を贈るたびに電話がすぐ来て「僕を忘れないでいてくれて、ありがとう」とおっしゃったことは今も心に残っている。学生時代に行動したことで得られた先生との絆は、本当に僕の人生の宝になった。

学生時代、能代工の練習見学に行き、先生の自宅に泊めてもらった朝、僕は呆然とした気持ちを抱えながら、名古屋への帰りの列車に乗っていた。能代で何かすごいものを見たという感じで、衝撃のあまり、希望を胸にという状況ではなかった。だが、そこからバスケについての僕の修業が始まったのである。

列車に体を揺られながら、人生が大きく変わろうとしていた。能代に来るまでの僕ではおそらく行けなかった新たな世界に向かって、間違いなく進み始めていた。

豊見城南高校時代の教え子
3期生キャプテン

金城英樹

「幸男先生の土台をつくった学校は、豊見城南だったと思います」

幸男先生が豊見城南高校に赴任した年に、私も入学しました。豊見城中学校では野球部に所属していましたが、高校ではバスケ部に入りました。

同級生の部員には、豊見城中バスケ部の元キャプテンと部員2人がいましたが、それ以外は、中学の柔道部の元キャプテンや少しバスケットをかじったような部員ばかりで、戦力が乏しい状態でした。幸男先生も最初、ポカンとしたはずです。でもそこから、基本を徹底したすさまじい練習が始まりました。

2カ月後の6月、県高校総体に3年生を中心としたチームで臨みました。先輩たちの一人一人は能力が高かったと思います。しかし、チームとしてはかみ合わず、3回戦で負けてしまいました。泣きじゃくる3年生に先生が言ったのが、「私の指導不足で勝たせることができなかった」という言葉でした。その言葉を聞いて、1、2年生は先生についていこうと決意したのです。

私自身、闘争心に火がつきました。3年生のキャプテンは「自分たちが乗り越えられなかった。先生が教えたことは間違いない」と言っていました。

6月以降は、ほとんどがディフェンスの練習でした。攻守の切り替えを速くしてコート中を走ったり、サイドステップで競ったりするようなものばかりなので、部員はへこたれます。1人、2人と辞め、20数人いた同級生は2年に上がる頃には4、5人になっていました。

一つ上の先輩たちの人数は、もともと5人程度と少なく、試合では1年生が主体でした。1年生ばかりが試合に使われるので、先輩たちにストレスがたまっていたのだと思います。その時、先生はこう言っていました。「自分を向上させるのは素直な心なんだよ。素直な心を持てばいくらでも伸びる」と。

体育館の掲示板には、先生がよく口にする〝勤勉さ〟や〝熱意〟などが入った「成功のピラミッド」が書かれた紙が貼られていました。目標を確実に見据えられるよう、選手個々がシュート練習で放った数と入った数が分かる表や、それまでの練習メニューなどがあり、練習試合の結果の紙には、自分たちが負けた相手の学校名の下に赤い線が引かれていました。

2年時の県高校総体では、2回戦でシード校の興南高校と対戦し、かなり競った試合を展開しました。後半残り4分を切ったあたりで豊見城南が同点に追いつき、興南の大田欣伸監督が怒ってタイムアウト。私はベンチ外でしたが、その時、幸男先生が、興南は強引なプレーをしてくるだろうが、練習でやったことを信じて戦おう、と言っていたそうです。最後は、1ゴール差で負けてしまいました。でも、興南を苦しめた豊見城南に会場から大拍手が起きたんです。

その後、新チームがスタートする時に、1、2年生を集めて先生が言ったのが「沖縄一の練習をしよう」という言葉でした。指一本を掲げ「ここまで来たんだ。優勝しよう」と高々と言ったんです。感動して僕らの目の色が変わりました。

中学では野球部のエースで伊平屋島から来た身長183センチの1年生がおり、キャプテンになった僕が手取り足取り教えると、みるみる成長していきました。彼も戦力になり、その後の県大会で豊見城南はベスト4に入りシード権を取ることになります。

小橋川杯では、決勝リーグで豊見城南も含めて3校が2勝1敗で並び、得失点差で僕らは3位になるという惜しい結果でした。しかしその後、1984年10月に那覇南部大会で興南を初めて倒し、初優勝。先生は、選手個人の力がすごく伸び、チーム力がそれまでの倍になったと言っていました。そして、「僕が指導を一生懸命しても、試合ではコートに足を踏み入れることはできない。ドリブルさえできない。チーム力とは君たちが日頃から積み上げてきた力だ」と褒めてくれました。

3年の時の県高校総体は、開催地の宮古島へ1週間前に乗り込みました。スリーポイントシュートのルールが初めて採用された大会です。順風満帆に勝ち上がり、決勝リーグで最初に対戦したのは興南。前後半を終えて、同点で5分間の延長戦に入りました。

豊見城南のシューターが相手にマークされていたので、ガードが自らスリーポイントシュートを放ち、それが入ったんです。大観衆の場内は騒然となり、ベンチの僕らも立ち上がって喜びましたが、幸男先生はガッツポーズもせず冷静でした。「試合はまだ終わっていない」と言いたかったのでしょう。

結局、決勝リーグは2勝同士の最終戦で中部工業に敗れましたが、豊見城南として県大会で初めて準優勝し、九州大会に行けました。

豊見城南はその後、後輩たちが九州大会で3位に入ります。「豊見城南の選手たちは本当に素直でやりやすかった」と幸男先生はよく言っていました。九州制覇も狙えたという気持ちを持ちながら、次の北谷高校へ赴任していったのではないでしょうか。

私は、幸男先生自身の土台をつくった学校は、きっと豊見城南だったと思っています。

第3章 北谷高校

1997年12月、ウインターカップにて。
北谷高校が田臥勇太選手（写真左・8番）擁する
能代工業高校と対戦

病から復活して掲げた「打倒能代工」
強豪の壁に泣いた豊見城南高校時代

辺土名高校男子バスケットボール部の外部コーチをしながら、大宜味村役場からの出向で大宜味中学校の図書館司書の仕事をしていた頃だった。あまりにも体がだるい日が1週間以上続いた。病院にも行かず、仕事と部活動の指導を続けていると、看護師である妻と僕のきょうだいに、半ば強制的に病院へ連れていかれた。

血液検査をすると、肝臓の数値が異常に高いという。即入院となり、詳しく調べた結果、B型肝炎の診断が下った。入院して3日間は体を動かすことができなかったが、点滴を受けるなどしているうちに、徐々に回復してきた。妻は、病気がこの先、悪化して進めば、夫の命は30代までかもしれないと案じ、それなら好きなことを思う存分させてあげようと思ったという。

僕もベッドで横になりながら、天井を見つめ、これで俺の人生は終わりか……と考えた。だが、その時、無性に悔しくなってきたのである。それではいかん！　と内からふつふつと闘志が湧いてきた。

辺土名高校で外部コーチをする一方、教員採用試験にまだ合格していなかった僕は、正規の教員になって再びコートに立ちたいという強い思いに駆られた。そして、入院中にもかかわらず、妻に頼んで教員採用試験の参考書を家から持ってきてもらい、猛然と受験勉強を始めたのである。

1日10時間以上は、問題集を解くなど勉強時間に充てた。それを入院生活の約40日間続けた。参考書などの本は、床からベッドの高さを超えるほど積み上がった。病気に負けてなるものかという気持ちだった。

頑張った甲斐があり、1982年、僕は教員採用試験に合格し、30歳になる翌年、晴れて県立豊見城南高校の体育教師に正採用されたのである。ピンチをチャンスに変えたのだ。同校勤務時も一度、病気の症状が出て入院したが、結局、10年のうちに肝機能は健全な人と変わらない状態にまで良くなり医者を驚かせた。

「人間、ポジティブに生きていれば、こういうこともありえる」と医者が話していたが、まさしく僕もそう思った。

正規教員として男子バスケ部の指導ができるようになった時は、嬉しさのあまり、達筆の校長先生にお願いして書道用紙に「打倒能代工」と筆で書いてもらった。それを掛け軸にして体育教官室の僕の机の前の、みんながよく見える時計下の壁に飾った。

男子バスケ部は、それまで県大会の1、2回戦を勝つのがやっとで、いきなり僕が大きな目標を掲げたものだから、周りの先生から「お前はバカか」と笑われた。それでも「今すぐにとは言いません。いつの日か、必ず能代工を倒してみせる。そこに向けた第一歩です」と言い返し、僕の決意は揺らがなかった。

だが、豊見城南での指導は目指していた結果がなかなか出ず、苦悩する日々だった。若い頃にいい成績を収めても、その後は鳴かず飛ばずの結果に終わるというのは、よくある話である。自分もそうなるのではないかと焦燥感を覚えた。

辺土名で結果が出せたのは、素質の高い選手たちに恵まれた要素も確かにあった。だが、そのような選手がどこの学校にもいるわけではない。有望な選手が入学してくるよう努めるが、もちろんその時のチームの戦力でしか戦えない。

実際、僕が豊見城南に赴任した年に入学したバスケ部員には、中学時代、野球部や柔道部に所属していたバスケ初心者もいた。僕が誘って翌年に入学してくる伊平屋島の子は、中学で野球部のエースだったが、それまでの経歴など僕には関係なかった。

やる気さえあればバスケの技術など身につくのだ。

選手たちの長所や、適材適所を見極めながら、チームに合った戦い方を僕は模索した。豊見城南の選手たちは、全国3位の辺土名の選手たちのような体力、脚力は持っていなかったから、オールコートでなくハーフコートでしっかり守るディフェンスを採用した。そして練習ではとにかく基礎固めを徹底した。コートで延々と繰り返されるサイドステップなどの面白みがなくきついディフェンスの練習。それに耐えられず、退部する部員が続出し、1年生だけで20数人いた部員が夏休み明けには半数程度になっていた。

豊見城南へ赴任してから1年間はまったく結果が出なかった。僕自身、チームを率いて県大会で優勝したのは辺土名時代の1978年の県高校総体での一度きりで、それ以降、無冠が続いていた。このままでは勝てないという危機感ばかりが募った。だが、そんな中、微かな変化の兆しが見えた瞬間があった。

2年目の県高校総体。2年生主体のチームで1回戦を勝ち上がった豊見城南は、同大会で3連覇中の大田欣伸監督率いるシード校の私立・興南と対戦した。その強豪校相手に前半を競り、後半も残り4分で同点に追いついたのだ。思わぬ展開にざわつく会場。興南の選手たちをふがいないと思ったのか、怒ってタイムアウトを取る大田監督。僕は、耐えてしっかり守るよう注意したが、残り1分で得点され僅差で敗れた。その時、体育館の観客から豊見城南の奮闘を称える大拍手が湧いたのである。

大会が終わり、新チームがスタートする時、僕は2年生と1年生の選手たちを集めた。そして、自分の腕を顔の前に挙げ、人差し指をまっすぐに立てて、言った。

「ここまで来たんだ。沖縄一の練習をして、優勝を取りにいこうや！」

選手たちの目の色が、変わった。

こうして、2年目の夏には大阪商業大学での合宿を敢行した。格上の大学生や、本土の高校生と対戦することで選手たちの精神面や技術面でのレベルアップを図る。そしてチームの方向性を見つけることがこの合宿の狙いだった。選手の親御さんたちに費用面で負担を掛けるが、チームを強くするために遠慮している場合ではなかった。

結構な数の練習試合をし、身体の発育度が違う大学生チームにも、大阪府上位の高校にも、豊見城南は善戦した。選手たちが合宿で自信を得たことが、最も大きな収穫だった。それから数カ月後の那覇南部地区大会で、豊見城南は初優勝を飾ったのである。あの興南を破っての優勝だった。大会中、僕は肝炎で入院していたが、医師にお願いして外出許可をもらい、試合で指揮を執った。

結局、県制覇を狙った翌年の県高校総体では、ライバルの中部工業に決勝で敗れて準優勝となり、僕の2度目の全国大会出場まであと一歩というところまで近づいたが、届かなかった。1987年に沖縄で開催される海邦国体に向け、県高体連の強化指定校になった興南、中部工業に、その頃から優秀な選手が集まっていった。豊見城南は奮闘するものの、優勝はなかなかできずにいた。

怒り心頭で選手を平手打ち！己の不甲斐なさを反省した日

あの頃の僕は、勝ちたい気持ちが膨らむ一方、県大会優勝という結果が出ない焦りが募り、指導はますます激しくなっていたように思う。

強くなるために必要なことを早く身につけさせたいがために、練習時間を長くした。土曜、日曜に、他の部が体育館を使う日は、バスケ部が後ろの時間をずっと使えるようにあえて最後の割り当て時間をもらった。バスケ部が一日中体育館を使えるようなら、午前から始まり午後までの3部練だ。練習は、コートでボールを使って走らせるのはもちろん、外で2人組をつくらせ、一人がボールを放って床に落ちないようルーズボールに飛びつく練習を一組100本させたりもした。

勝つために、僕は鬼にもなった。練習を休むことを許さず、熱発で学校を早退しようとしているバスケ部の生徒に往復ビンタをしたこともある。台風で学校が休校になった時には、選手の家に電話を掛け、練習するから体育館に来るよう伝え、数人の生徒が集まると、個人の課題を克服する練習を繰り返しやらせた。

弱い自分たちが格上のチームを倒すには、気持ちで相手を上回ることが最も大事なことだと思っていた。能力に差があろうとも、強い気持ちを持って気迫を全面に出せば、相手の攻撃を防げるし、点も奪える。それを身をもって理解し、体現する選手になってほしかった。

だが、本来、指導者は、アドバイスや言葉によって選手の力を引き上げるべきである。当時の僕は、情熱はあったものの、指導力や選択肢不足で、引き出しが足りなかった。それで、選手に手を上げたのだと思う。

沖縄本島南部の豊見城南高校から、北部の辺土名高校まで行き、辺土名のOBたちと練習試合をした時のことだ。豊見城南からの出発が早朝だったことで、選手の中に遅刻した者がいた。加えて、選手たちがふがいない試合をしたことで、僕は怒り心頭。選手の気を引き締めるため、チームの誰かがミスするたびに、僕はポイントガードの選手にビンタを張った。何度か続き、他の選手が「僕らが悪いのに、彼を殴らないでください」と盾になってかばった。それまで一度も涙を見せたことがなかったポイントガードの選手がこの時初めて泣いた。

やり過ぎていたことを、その時、選手たちに気づかされた。やってしまった後に、僕はいつも、なぜ暴力に訴えずに能力を引き出せないのか、と後悔の念を抱いたが、この時もそうだった。

チームのプレーの精度を高めるには、その時に最も理解力のあった彼にしか要求できないと僕は思っていたのだろう。選手たちが上手くできないのを、自分の指導力のなさではなく、ポイントガードのせいにしていたのだ。不甲斐ない自分に反省し、申し訳なく思った。

昼食で選手たちとバーベキューをしている時、そのポイントガードの選手に、彼がチーム内で心配りをしながら、選手たちをまとめようと頑張ってくれているのは分かっていると伝えた。

後に僕は、自分の理論を一方的に選手にやらせる指導法には限界があると気づき、選手の自主性を尊重する指導法に転換するが、それはコーチになってだいぶ後のことである。その出来事があって以降、豊見城南の選手たちはよく支え合い、励まし合って絆を深めたように思う。

結局、僕は豊見城南に6年間勤務して、県大会優勝は一度もできなかった。だが、同校で最後の大会となった1989年2月の全九州大会では3位に入ることができた。

豊見城南のあのポイントガードの選手は後に高校教師となり、バスケットボール部を指導するようになった。教員採用試験に合格した時や、監督として全国大会へ初出場する時に、僕に電話をくれた。

彼は糸満高校や小禄高校、豊見城高校を率いて県大会で何度も優勝し、2014年の南関東インターハイで小禄をベスト8に導いた。県内屈指の名指導者となった彼の名は、嘉陽宗紀である。今では、コーチとして僕のライバルになった。

豊見城南での最後の年度に、僕はあるアメリカ大学バスケの試合をテレビで見て大きな衝撃を受けた。チームはインディアナ大学で、率いていたのは名将ボビー・ナイト氏である。鮮やかな真紅のユニホームの選手たちは、ディフェンスで激しく相手チームに当たり、さらにチーム全体で流れるように連動した守りの戦術を取っていた。

それを見た瞬間、ハッと目を見開いた。攻撃的なディフェンスをしながら味方同士でカバーし合う。身長がなく、ディフェンスが生命線の沖縄のバスケに、ピッタリの型のように思えたのだ。

だが、その守りの戦術を修得するにはしっかりとした体力と脚力が必要で、それなりの時間がかかりそうだった。次の赴任校では必ずこの戦術を採用すると僕は決めた。

北谷高校で、いよいよ再び全国への扉が開く日が近づいていた。

〝黄金期〟をつくった北谷高校に赴任
「全国制覇」に向けたヘッドハンティング

「君が頑張っても北谷の生徒たちは冷めているから、難しいよ」

平成の元号が始まった年の1989年4月、僕は県立北谷高校へ赴任した。心が踊りながら体育教官室へ行き、他の教師から聞かされた言葉がそれだった。拍子抜けした。だが、他人の言葉で自分の人生をコントロールされたくなかった。成功するにはエネルギーを絶え間なく出し続けていくことが重要であり、情熱を持って事に当たれば道は開ける。そう信じて、男子バスケ部で指導を始めた。

前年の県中学総体と九州大会で伊波忍監督の指導の下、優勝し、全国中学校バスケットボール大会ではベスト8に入った北谷町立北谷中学校のバスケ部の主力が、僕の赴任と同時に入学してきていた。

豊見城南でそろそろ人事異動の対象だと思っていた僕は、本島中部の学校への赴任を希望するつもりだった。そこで北谷中の選手たちに、北谷高校で一緒にバスケをしないかと声を掛けたのである。

豊見城南の選手たちを連れて北谷中へ練習試合にも行ったし、北谷中の全国大会出場前には、強化に役立ててもらおうと、豊見城南に来てもらい練習試合をした。僕の指導の様子や、やっているバスケットスタイルを見せる意図も同時にあった。

その時のことを僕はよく覚えていないが、当時、北谷中のセンターだった古見憲作によれば、ゲームの後、僕は彼らにこう言ったという。

「君たちは本気でやっているか？　もし、銃を突きつけられたら、もっとできるんじゃないか？」

今思えば、かなり不適切な発言である。ただ、彼らを鼓舞する僕なりの表現だったのだと思う。あの頃の僕は、闘志をむき出しにすることを躊躇せず、気迫で何としてでも勝利をつかみ取るんだという情熱で燃えたぎっていた。

その時、北谷中に、小柄ながらチームをまとめ、自分でも得点を取れる優秀なポイントガードがいた。新城大助である。チームをつくるには最も重要なポジションであり、彼だけは、北谷高校周辺のレストランに連れていき、北谷高への入学を誘った。

当時、彼は多くの有望な選手が集まる本島中部の強豪校へ進学することをすでに決めていた。彼を前に、僕は自分が考えるバスケットスタイルを話した。身長の低いチームが、福岡大大濠など身長の高い本土勢と戦う時に、同じ戦い方をしていても勝てない。だが、走り回るバスケで必ず勝つことができると伝えた。僕が日本代表の監督であれば、アメリカに対してこのような戦略で勝ちにいく、といったことも話した。「一緒に挑戦してみないか」と言った。

辺土名でインターハイ3位になって以降、10年間、県大会でもチームを優勝まで導けなかった僕だったが、大助は僕の話に心を動かされたようだ。僕についていけたら、とワクワクしたという。すでに決めていた進路を変更し、北谷へ入学してきてくれた。北谷中の他の選手たちも、自然な流れで北谷高へ進んできてくれた。

新年度が始まる1989年4月1日の指導ノートに、僕は目標としてこう記した。

《心機一転　初心に戻り、選手とともに歩む》

選手たちを愛し、遠慮なくぶつかろうと考えたのだ。選手たちに望むこととしては、常に目標を持ち、夢を追い求めること。自己コントロールができ、創造的なプレーヤーを目指すこと。みんなから愛される部になること。練習に対して「なぜ」と疑問を持つこと。できるだけ休む理由はつくらないこと。そして、時間厳守だった。

3週間後には、父母会を開き、試合での選手の送迎や遠征費の積み立てなどを選手の親に依頼した。会議の最初に、僕は堂々とこう宣言した。

「目標は〝沖縄一〟、そして〝全国制覇〟です!」

チームにワンマンプレーヤーやスターはいらない。必要なのは5人からなる〝一つのチーム〟である。だからこそ各選手が得点能力を持ち、できれば相手より高くジャンプでき、できる限り失点を防ぐようなディフェンス力を身につけ、高いレベルで融合することが求められるのだ。素早く動き、パスワークでディフェンスを揺さぶり攻める。コーチとして目指すべきチームをこう胸に刻み、選手たちにも伝えた。

その頃、僕は新城大助に、男子バスケ部のマネージャーに適している生徒はいないか、尋ねた。選手たちが練習や試合に十分集中できる環境を整えるには、選手たちを裏方的にしっかり支えるマネージャーの存在が不可欠である。僕としては、遊び半分の浮ついた気持ちで部活動に関わるのではなく、チームの一員となって戦う気持ちを持ち、さらにバスケをよく知っているマネージャーを求めていた。

大助は僕に、いると答えた。それは、北谷中の女子バスケ部と陸上で活躍しながら、じん帯を切る大ケガをして、北谷高ではバスケを続けられなかった今科子だった。すぐに彼女の自宅を訪ねた。

一緒に面会してくれた今と母親は、学校でほとんど接点がなかった僕が突然、家まで訪ねてきて、男子バスケ部のマネージャーをやらないか、と誘ったことに最初驚き、彼女は「考えさせてほしい」と答えた。だが、チームを強くするために、僕に躊躇はなかった。2日後、再び今の家を訪ね、マネージャーを務めるよう勧誘したのである。そして最初の面会に続き、彼女に言った。

「君を必ずインターハイに連れていくから」

当時北谷は、県大会で過去に一度も優勝したことがなかった。にもかかわらず、そう言った。だが、僕の言葉は彼女の心に火をつけたようだった。彼女には大学進学の目標があったため、部活動が勉強の支障にならないようにすると僕は約束した。そして彼女は、マネージャーを引き受けてくれた。選手たちのユニホームの洗濯やドリンクの準備などの他、保護者への新聞作成も彼女に担ってもらった。

北谷赴任2年目には、男子部員も一人、マネージャーを務めてもらった。北谷中学時代から選手兼マネージャーをしていた大城春紀である。彼にはチームのウォーミングアップ時の指示や練習でのゲームの審判、テーピング処置、スコアラーなどの役割をしてもらった。チーム内からマネージャーを出すのは、高校絶対王者だった能代工業が取り入れていた形である。

「全国制覇」は口先だけではない。本気で僕は目指していた。

県外遠征で選手たちの能力が向上！
「初めての能代カップ」と「大きな武器の獲得」

豊見城南時代にテレビで見て感銘を受けた、インディアナ大学のプレッシャーディフェンスとカバーリングディフェンスを僕は決意通り北谷で採用した。そして、北谷のユニホームを、鮮やかな真紅が特徴のインディアナ大モデルで作った。

高校生ぐらいの選手たちが自身の能力を急激に向上させるのは、格上の相手に全力でぶつかっていった時である。辺土名、豊見城南で成果を出したそのやり方を、僕は北谷でも実行することにした。

北谷での1年目の夏、僕は1、2年生を連れて九州産業大学で合宿を敢行した。北谷の選手たちが対戦するのは、最も差がある者で6学年上の大学生である。高校生の彼らは初日、惨敗した。だが僕は、相手が大学生であろうが、ふがいない試合をすれば、ものすごく叱った。そして対策をした。すると、面白いもので彼らは次第に順応して、2日目、3日目はいい勝負をするようになったのである。そうなると選手たちの自信は大きくなり、同じ高校生を相手にした時、まったく動じなくなった。

スタメンの5人中4人が1年生というチームながら、北谷1年目の秋の県新人大会でベスト4入りし、年明け1月の小橋川寛杯争奪高校生バスケットボール選手権大会では初優勝を果たした。挑み続け、ようやく手にした県制覇は、僕にとって辺土名時代から数えて実に11年半ぶりだった。北谷に赴任して、最初に掲げた目標の一つを僕らは実現したのだ。

夢は一気に全国へと膨らんだ。全国で勝つチームをつくることを考えた時、すぐに頭に浮かんだ大会があった。1988年から秋田県能代市で開催され、能代工業の他、北陸や洛南など、全国制覇を幾度も成し遂げた学校や全国上位常連校が出場する能代カップ高校選抜バスケットボール大会である。

この大会の上位校が、その年度の全国大会の頂点を勝ち取っており、高校バスケの指導者なら誰もが出場したいと願う大会だった。僕の目標とする恩師の能代工・加藤廣志先生へ出場を打診すると、すぐに快諾してくれた。喜びを爆発させ、大会出場を選手たちに伝えるため彼らの元へすっ飛んでいった。

1990年5月、北谷は第3回能代カップに出場した。ただ結果は、7校が出場する中、1勝5敗で最下位に終わった。それでも開幕前日に能代工と練習試合をして、能代工のオールコートでの守りに飲み込まれて約30点差で敗れたのが、翌日の公式戦では能代工に僅差の敗戦だった。選手たちが雲の上の存在だと思っていた全国強豪校と互角に渡り合えたことは、彼らに極めて大きな自信を植えつけた。

そして、何より収穫となったのが、自分たちの武器が明確に分かったことだった。北谷の激しく粘り強いディフェンスは全国の強豪をも十分苦しめ、大嶺秀樹と新城大助、古見憲作の各スリーポイントシュートの総得点は出場選手中、10位以内に入っていた。しかも、身長176センチの古見のポジションはセンターである。彼より高い者もチームにいたが、それでも180センチをわずかに超えるぐらいで、チーム全体の身長は低かった。2023年のワールドカップで日本代表チームが見せたような、センターであってもスリーポイントシュートを打つのは今ではめずらしくないが、北谷はすでに当時から、そのようなプレーをしていたのである。

自分たちの強みを生かさない手はない。攻撃的なディフェンスにさらに磨きをかけるとともに、スリーポイントシュートを試合の中でもっと積極的に使うことにした。北谷の速攻で、攻撃が3人、相手ディフェンスが2人の場面の時に、従来ならゴールに近づいて確実なレイアップシュートか、それができないならミドルシュートを選択するところを、あえてスリーポイントシュートを打たせた。

遠くから打てば、リバウンドの跳ね返りも大きくなり、案外、オフェンスリバウンドも取りやすい。一般的に定石と思われていた攻めの形から逸脱するが、2点より3点を奪ったほうが、相手へのダメージも大きくなる。

余談だが、古見らは北谷中学時代、秋田県で開催された全国中学校バスケットボール大会へ出場した際、伊波忍監督に連れられて能代工業高校へ練習試合に行ったことがあったらしい。能代工のレギュラー陣はその時、韓国へ遠征に行き、残ったメンバーの練習を加藤廣志先生の奥さんが見ていたそうだ。

その際、古見らは能代工の1年生チームと練習試合をし、その後、北谷で能代カップに初出場した時に、以前対戦した選手たちと再会したのだ。全国大会で北谷が対戦を望み、能代カップでは北谷の前に立ちはだかる相手になっていた。能代工には、加えて2年生に活躍する〝小納兄弟〟がいた。

話を戻すが、能代工は攻撃時の3対2のアウトナンバー（数的優位）の状況で、スリーポイントシュートを積極的に打つ戦法を使っていた。僕らにも必ずできるはずだ。そう考えた僕は、その戦術を北谷にも取り入れた。選手の長所を生かした攻撃的なディフェンスとスリーポイントシュートは、北谷を象徴する大きな武器になった。

そうして、北谷は翌月の県高校総体決勝で宿敵・興南高校を下し、同大会で初優勝を飾るのである。県内における北谷の黄金期が始まっていた。

選手たちに本気で向き合った日々
絆が深まった「アメ」と「ムチ」

強いチームをつくりたいあまり、選手たちに激しく接する僕の姿勢は、北谷でも変わらなかった。選手が僕の思い通りに動いてくれないと、より過酷な練習を選手たちに迷いなく与えた。

辺土名高校時代の教え子、金城バーニー率いる県立中部商業に、北谷1年目の県高校総体3回戦で敗れた。その後1、2年生のチームで中部商へ練習試合に行き、北谷は勝ったものの、内容に不満だった僕は、2ゲーム戦った後の選手たちに「スタメンは学校まで走って帰れ！」と指示した。

残りの選手たちを僕の運転するマイクロバスに乗せて学校を出発し、スタメン5人には約10キロの帰り道を本当に走って帰らせた。大会では1日2試合やることは普通にある。1日3試合戦える体力をつけなければ、大会で十分に力を発揮することはできない、という考えが僕にはあった。

マイクロバスがきっと途中で止まっていると期待したスタメンの選手たちは「そんなことなら飲み物を買う小銭を持っておけばよかった」「普天満宮の手水舎で口にした水が本当においしかった」と話していたという。彼らが北谷高に着いた頃にはすっかり日が暮れ、体育館では残りの選手たちが、オールコートでパスを回しながらシュートをするファイブメンを延々と続けさせられていた。

練習中、気の抜けたプレーを選手たちが見せた時には「君たちはもう帰れ!」と僕は言い、教官室に閉じこもったり、体育館から去ったりした。選手たちが自分で考えて反省した頃、僕はコートに戻るのである。

ある時、こういうことがあった。選手たちの練習態度が気に入らなかった僕は、また体育館から出ていき、いったん学校から離れた。戻ってくると、主将の古見憲作の他に誰も残っていなかった。唖然として聞くと古見が言った。

「〝帰れ〟というから、みんなを帰しました」

彼が一人残っていたのは、怒った理由も言わずに出ていった僕に対して、選手たちの何が悪かったのか聞くためだった。僕の態度が理不尽だったと彼は思っていたのだ。彼がしっかり伝えてきたことで、僕自身、ハッとさせられた。冷静に考えると、彼の言い分は正しかった。僕の落ち度だった。そしてそれから、選手の意見にもしっかり耳を傾けるようになった。

オールコートの守りで、ボールマンに対してより積極的に当たり、もう一人とダブルチームに持ち込むよう僕が指示した時の話だが、選手たちが意見を出し合い、ボールマンに対してやや下がり気味でつき、警戒が薄れたところで挟み込んだほうがいいと提案してきたことがあった。ボールマンは1回でもボールを奪われると、以降は心理的に絶えずプレッシャーを受け、40分の試合中に相当な疲労となって表れる。選手たちの提案を受け入れると上手くいった。

古見からだいぶ後に、「先生の怖さによってやらされているところはあったけど、ちゃんと意見を言ったら聞いてくれて、そこから信頼関係が強くなった」との言葉を聞いた時、胸が熱くなった。

こうして選手たちとともに、僕自身成長していったのである。

もちろん、選手たちを肉体的にも、精神的にも鍛えるためにはハードなトレーニングは欠かせない。そして勝利を追求する厳しさも当然、なくてはならない。だが、厳しさだけでは選手たちはついてこない。

確か、北谷赴任2年目のウインターカップ県予選（全沖縄高校バスケットボール選手権大会）を北谷として初めて制し、全国大会出場を控えていた頃だったと思う。チームの調子がどうもいまひとつ上がらない状態が続いていた。おそらく選手たちの疲れがたまっていたのだろう。全国制覇を目指すチームとしては、1日の練習さえも無駄にしたくない時期だった。だが僕は考えた。

その日も僕が運転するマイクロバスに選手たちを乗せ、練習試合だと言って北谷高校から出発した。米軍基地キャンプフォスター内のクバサキハイスクールや本島南部の豊見城南などへ当時はよく練習試合に行っていた。これからキツイ時間が待っているとだけあって、選手たちの間には重苦しい空気が漂っていた。

マイクロバスは見慣れないコースへと進み、選手たちもどこへ行くのだろうという様子になりだした。人通りの多い那覇市の国際通りにあった国映館前で僕はいきなり車を止め、選手たちに言った。

「今日は自由に映画を観るのも良し、時間まで遊ぶのも良し」

選手たちは一瞬戸惑った様子だったが、すぐに解き放たれたような喜びにあふれた表情になった。小学生の息子を一緒に連れてきていた僕は、国映館で『老人と海』を観た。映画館ではその頃、他にアメリカで実在したバスケの名選手、ピート・マラヴィッチの少年時代を描いた作品が上映されていた。直前まで僕の計画を知らされていなかった選手たちは、バスケの練習着のまま国際通りで映画を観たり、遊んだりしたのである。

選手たちに心をさらけ出して接し、上を目指すことで、チームとしての絆が強くなっていった。

念願の〝日本一〟を目指し全国大会へ「強豪の撃破」と「観客を魅了した北谷バスケ」

1991年8月1日から、静岡県の浜松アリーナなどで始まった全国高校総体（インターハイ）で、北谷は1回戦を香川代表・高松商業に104対64、2回戦は富山代表・

桜井に84対65で勝ち、3回戦に進出した。得点差が開き、勝つには勝ったが、速攻が遅く、守りでは相手ボールへのプレッシャーが甘いなど課題が多く見られ、北谷本来のバスケは影を潜めていた。

ディフェンスでは、ボールマンにプレッシャーを掛け続け、ボールマンに近い選手にパスが渡らないようにディナイを徹底し、相手センターのポストプレーには、その選手の前に出てパスを阻止する。

一方のサイドにおいてはドリブルで抜かれた時に備えて、逆サイドの選手はカバーできる位置を保っておく。リバウンドは絶対に取る。オフェンスは、守りからの切り替えを素早くし、一度の攻めで難しい場合、二次オフェンスへ展開する。攻撃の選択肢を多い状態にするためにコートの中央線から攻める。シュートは思い切って決断して打つ。ハーフコートのオフェンスは粘り強くチャンスをつくる。オフェンスリバウンドは果敢にチャレンジする。これらが、北谷の取り組むバスケットだった。

翌日には、上位進出への最大の山場、関東1位の強豪、千葉県代表・東海大浦安との3回戦を控えていた。僕は浦安の分析を尽くした。相手チームのスカウティングは県大会から常にやることだった。

相手の試合をビデオカメラで撮影したり、映像を取り寄せたりする。それを学校の視聴覚教室や自宅で、注意すべき場面を繰り返し見たりする。対戦チームのオフェンスやディフェンス、マークすべき選手のプレーを分析しやすいように、映像を分けて編集もした。

県内の大会期間中であれば、その日の試合を終えて帰宅し、仮眠を取った後、未明の2～3時に起きて映像を見ながら分析し、試合のシミュレーションをして、勝てたと思えばまた仮眠を取って翌朝学校へ行き、選手たちに分析したことを伝えるということをしていた。できるだけ新しい情報を選手たちに伝えるようにしていたのだ。

面倒な作業だが、それをやり通せば勝てるという思いがあった。

浦安の予想されるスタメンは177センチのガードの他、全員184センチ以上で、最も高いセンターは194センチもあった。特に、ゲームメーカーで意欲的に攻めてくる、当時187センチの小宮邦夫選手は最も警戒すべきプレーヤーだった。

彼は後に、日本のトップチームの一つであるアイシンシーホース（現・シーホース三河）などで活躍し、日本代表選手になる男である。エースの源古隆に彼を徹底マークさせることにした。

僕は試合前には必ず、試合の流れをシミュレーションする。前半、後半をそれぞれ5分ずつ区切り、時間帯ごとにどのディフェンスを採用するか指導ノートに書きこむのだ。浦安戦の前にはノートにこういう言葉も書いた。

《人間は何事も自分の考えた通りになる。できないと思う者はできない。できると信念することは、どんなことでもできる》

そして選手たちには、沖縄の空手家で何度も世界チャンピオンになった劉衛流龍鳳会会長の佐久本嗣男先生の稽古をみんなで見学しに行ったことに触れて、こう言った。

「佐久本先生を思い出せ！　倒すか、倒されるかだ！」

僕は北谷カラーの赤いポロシャツを着た。尊敬するボビー・ナイト氏が赤色の上着で試合に臨むように。

北谷の大一番が始まった。試合前は、関東1位の浦安が圧倒的優勢と見られていた。だが、ティップオフ直後から、北谷の選手たちが躍動した。気迫が全面に出たオールコートマンツーマンプレスで相手にプレッシャーを与え続け、浦安のペースに持ち込ませない。逆に北谷は、磨いてきた武器である大嶺、古見のスリーポイントシュートが炸裂した。それでも、やはり浦安も強豪である。小宮選手ともう一人のポイントゲッターである相澤賢太郎選手らにゴール近くから得点され、一時逆転を許した。

小宮選手についていた源古が守備に奔走させられ、早い時間帯からファールを重ね、前半はいったんベンチに引き下げざるをえなくなった。そこで奮起したのが、165センチポイントガードの新城大助だった。

エースのピンチに「こんな時のために自分はいる」と思ったのだという。両チームが得点を競り合う中、自分よりもはるかに身長が高い選手を突破し、目の覚めるような速攻を自ら決めてみせた。大嶺、古見も随所でスリーポイントシュートをリングに沈めた。もちろん速攻においても、彼らのスリーポイントは相手の脅威になり続けた。

特に主将の古見は、半年前にケガで九州大会の試合にあまり出られない悔しさを味わっていた。この大会では、そのうっぷんを晴らすかのように、シュートがよく決まった。500円玉を机に立てて積むなど、集中力が必要な精神的なトレーニングも自分でやっていたようで、その努力が表れたプレーだった。2年生の高江洲義継も10数センチも高いセンターを相手に、身体を張ってリバウンドを頑張っていた。

前半は45対41の4点差リードで折り返したが、後半も、突き放しては追い上げられる、見る者にとっては息が詰まるような攻防を繰り広げた。強豪校との競り合いは精神力が問われるものである。だが、北谷の選手たちの集中力と団結力は崩れなかった。3回戦の大一番にきて初めて北谷らしいバスケットが展開できたのである。

開催県からあまり遠くない千葉県代表の浦安だからか、会場には大勢の応援団が詰めかけていた。そして強豪であることから注目もされていた。だが、身長の低い選手たちが、脚力と技術で大型チームの選手たちをかき回すプレーが本土では異質だったのだろう。北谷の選手が得点を決めるたびに、大観衆の中からドッと歓声や大きな拍手が起こるようになった。

試合が行われている2面のコートの間にあるシートに座っていた観客は、ほとんどが北谷の試合のほうを向き、見入っていた。僕らの試合が、観衆の心をつかんだのである。その後、北谷はさらに注目されることになる。堂々の戦いぶりで、北谷は87対79で3回戦を突破し、準々決勝に進んだ。漫画『SLAM DUNK』の作者・井上雄彦さんが僕の宿舎に訪ねてきたのは、確かその試合の後だったように思う。

13年ぶりに挑んだ大舞台
またもや届かなかった「日本一の頂」

北谷は身長190センチ、192センチの大型選手がいる埼玉代表・大宮東との準々決勝を92対75で制し、準決勝進出を決めた。3回戦で調子が出なかったエース源古隆も、相手チームの大黒柱である190センチ選手をマークしながら、得点をしっかり重ねた。

準決勝に進むのは、僕にとっても、沖縄勢としても、1978年の山形インターハイで辺土名が3位に入って以来、13年ぶりだった。だが僕は試合後、報道陣にゲームの内容について「ディフェンスは100点満点中30点」と手厳しい発言をした。

序盤で点差を離して以降、ハーフコートでの守りが悪く、簡単にドライブインされてしまい、シュートを楽に打たれていたためだ。リバウンドも奪えなかった。「このままでは準決勝は勝てない」と危機感を抱いたのである。何としても準決勝の壁を突破し、決勝で能代工を倒して全国制覇するのだ、そう強く思った。

過去の対戦成績が1勝1敗である大阪代表・初芝との準決勝は、北谷にとって、極めて悔しいものになった。勝利が届きそうで届かなかった。万全のスカウティングをして、細かくシミュレーションもした。大会期間中、毎試合朝に、対戦チームの攻略法を選手たちに伝え、その日の朝もやった。

前半序盤、北谷は攻防ともにキレがよく、スリーポイントシュート、速攻とよく決まった。リードしていたがチャージングのファールが続き、さらにつまらないミスでターンオーバーを繰り返し、得点が伸びなかった。前半終了間際には、スリーポイントシュートを許し、43対44の1点差で折り返した。後半も出だしはよく、一時は10点以上も引き離した。

だが、その後北谷の選手たちは疲れからか動きが鈍くなり、逆転され、さらに8点差をつけられた。それでも、ここから北谷は粘りを見せた。残り1分に、源古のスリーポイントシュートで80対80の同点に追いついたのだ。

騒然とする場内。最終盤に来てさらに活気づく北谷の選手たち。だが、そこまでリバウンドの要として体を張っていた高江洲義継が初芝の攻撃を懸命に防ごうと、自身、五つ目のファールを取られ、退場になると、初芝に勢いを取り戻させてしまった。フリースローを2本とも決められ、80対82。残り時間がわずかな中で、北谷の選手たちは冷静さを欠いていた。

ポイントガードの新城大助が、狭い所を通そうとしてパスミス。ボールを取り返そうとさらにファールをし、初芝にフリースローを与えて決められた。結局、80対84で試合終了。全国制覇の目標はまたも果たせなかった。

最後に1ゴール差を追う時のプレーを決めて練習しておけばよかったと思った。準備不足だった。あれは反省した。本当に悔しかった。

だが僕は、身長が低いチームでも勝てることを選手たちと改めて全国に示した。

「いろんな試練が待ち受けていようとも、それを乗り切り、ベストなチームに仕上げ、全国制覇を目指すのだ」

僕の視線はすでに、次へと向いていた。

〝ビッグマン下地一明〟に描いた夢
海外からスカウトされた「逸材との秘話」

静岡インターハイで、北谷が観衆を沸かせながら3位に駆け上がる快進撃を、会場の客席から身を乗り出すようにして見入っていた少年がいた。東風平町立（現・八重瀬町立）東風平中学校3年生だった下地一明である。中学生といっても、彼の身長はすでに190センチを超えていた。応援団の一人として僕が連れてきていたのだ。北谷の試合を観て、彼は涙を抑えきれずにいた。

「こんな小さい人たちでも、あんなデカい選手を相手にこれほど戦えるんだって感動しました。バスケットを見て泣いたのは、あれが初めてでした」

静岡インターハイで感じたことを彼は後に記者にそう語っている。下地によると、ベンチで立ち上がって熱く指揮する僕の姿は、まるで踊っているようだったという。

彼との出会いは、その年の3月に神奈川で開催された都道府県対抗ジュニアバスケットボール大会の沖縄選抜チームの選手選考会の時だった。会場となった那覇商業高校体育館で、ひときわ身長が高く、体の大きい下地は目立っていた。

彼がゲームに出ていなかったため、僕は彼の元へ近づき「君は出ないのか?」と尋ねた。足を捻挫した状態で選考会に来ており「出ない」という。それで「テーピングを巻いたら出られるか」と僕は聞き、出場してもらうことになった。

彼はバスケの基本的な技術はまだ身についていなかったが、その高さはやはり魅力的だった。彼が僕についてきてくれるなら、しっかり指導して全国で通用する選手に必ず育てたい。その思いが強くなった。選考者の先生にも、下地を選んだほうがいいと伝えた。

下地も一員となった沖縄選抜チームは、他県の選抜チームを打ち負かし、初優勝を飾った。もちろん、下地も活躍した。そんな下地に北谷高校へ入学してほしくて、インターハイに連れて行ったのである。

彼には本土の強豪校からも入学の誘いがあったらしい。加えて、ともに全国優勝を果たした他の中学の選手の多くが、北谷高のライバルである北中城《きたなかぐすく》高へ進路を決める中、下地は進路を迷っていた。そんな彼に、僕はこう尋ねた。

「君はまず、どういう人間になりたい？」

「強くなりたい。バスケが上手くもなりたい」

こう返答する下地に、僕は言った。

「それなら、自分で環境を選びなさい。もし仲間が行くからと進路を決めるようであれば、絶対上手くいかない。自分の人生だから自分で決めなさい」

その一言で、彼は北谷への入学を決めたという。静岡インターハイで再び3位に入ったが、それより上位に入るチームとの違いを考えた時、北谷にないのは〝大型センター〟だった。僕は下地に大きな期待を寄せた。

他の指導者は僕のことを〝大型センターを育てたことのない指導者〟と見ていただろう。だが、熱意があれば教えることはできる。下地への指導法をどうするか考えた時、NBAの伝説的コーチで、日本代表チームでもコーチとしてたびたび指導していたピート・ニューウェル氏の指導ビデオを見た。それによって勉強し、下地にもビデオを見せながらセンターの技術を教えていった。

入学した当初の下地は、走れない、跳べない、シュートも入らない選手だった。ジャンプ力などは、飲み物のヤクルトの容器の高さに例え〝ヤクルトジャンプ〟と僕が名づけたほど低かった。

そんな彼に、さまざまなステップのやり方や、インサイドでのボールのもらい方を徹底して身につけさせた。自分をマークしている選手に背中をピタリとくっつけて相手の動きを封じボールをもらうのだ。そして、フックショットを徹底して練習させた。

本人は毎日必死だったはずである。練習でよく倒れ込んだが、それでも練習を続けさせた。彼はそれに耐え、めきめき成長を遂げた。吸収力がすごかった。それは彼が素直だったからだと思う。教えられたことを真摯な気持ちで受け取っていた。

その頃、選手たちに、練習を振り返るノートをつけさせていたが、下地のまとめ方はきめ細かく、歴代ナンバーワンだった。彼は全日本ジュニアの日本代表に高校2年生から2年連続で選ばれもした。

僕が監督を務めていた国体少年男子の沖縄選抜チームに、高校3年生の下地が参加していた時、当時実業団だったいすゞ自動車バスケットボール部が沖縄で合宿をしていた。僕がビデオを通してセンターの指導法を学んだピート・ニューウェル氏もコーチとして来沖していた。

僕は、いすゞの小浜元孝監督と交流があったことから、小浜さんと夕食をともにした時、ニューウェル氏にぜひ国体チームの練習を見に来てくれるよう伝えてほしいとお願いした。下地のプレーを僕は見せたかったのだ。すると、なんとそれが実現した。

体育館で、下地が出場した練習試合を見終えたニューウェル氏は僕の近くへ歩いてきて言った。

「ユーアー、グッドコーチ、グッドゲーム！」

下地のプレーが彼の心を捉えたのだ。同行していた関係者によると、ニューウェル氏は下地のプレーを見ながら、たいそう喜んでいたという。

その後、ニューウェル氏の計らいでアメリカの大学からの入学のオファーが、いすゞ自動車の関係者を通して下地にあった。その時、彼はすでに中央大学への進学が決まっていて断らざるをえなかった。だが、僕らにとっては非常に名誉なことだった。

これらは下地が成長した後の話である。その前に、僕らには「打倒能代工」「全国制覇」を果たす目標があった。下地を含めた北谷の選手たちとの挑戦に、僕はさらに前のめりになって突き進んでいった。

周囲に笑われた目標を掲げて10年…努力が実った悲願の「打倒能代工」

1993年5月、高校バスケ界の強豪が出場する第6回能代カップに、北谷は2度目の出場をした。3年前の前回出場時は、1勝5敗の7校中最下位だったが、2度目は「全勝優勝」を目標に掲げた。

その年も能代工の他には、洛南や愛工大名電などが集まってきていた。〝第4の全国大会〟と称され、年度の最も早い時期に開催される能代カップで優勝、準優勝した学校が、その後の高校タイトルを獲得することが多かった。〝全国制覇〟を目指すうえでは、能代カップを制さなければならない、と僕は考えていたのだ。

能代工の体育館には、平日から一般や年配者ら地域の人々が気軽に訪れ、充実した造りの観覧席から練習を見学する。バスケが地域に根付いていることを感じさせる町に学校はあった。

能代カップは毎回、開幕を前に、能代工体育館で全生徒が観戦する中、同校と大会出場1チームが歓迎試合を行う。その年に対戦したのが北谷だった。能代工とは、その時の北谷のメンバーが県外遠征へ行った際に練習試合で2度対戦し、1勝1敗だった。能代カップの歓迎試合では、能代工の活躍を期待する生徒ら約800人が見守る中であっても、北谷の選手たちは臆することなく力を発揮した。圧倒的に強いはずの能代工が北谷に点差を引き離されると、最初ザワザワしていた生徒たちがまさに静まり返った。そして能代工を96対71の大差で下した。だが、あくまで歓迎試合であり、本当の勝負は翌日から始まる大会においてである。

その歓迎試合が終わった夜、大会関係者らが参加した歓迎会で、加藤廣志先生から監督を引き継いでいた能代工の加藤三彦先生は、参加者を前に「本戦では必ず能代工業が勝ちます。もし負ければ沖縄まで遠征に行きます」と宣言した。僕の負けん気はがぜん燃え上がった。

この大会の北谷は強かった。徳島選抜、市立柏、鹿沼東、洛南、愛工大名電と倒し、全勝で最終日に、1敗の能代工との優勝決定戦に臨んだ。

決戦前、両校が交代した出場選手のメンバー表を見た僕は、あることをひらめいた。試合開始前だったが、北谷が手書きだったのに対して、能代工のそれはワープロで印字されていた。そして選手ごとに切った能代工のメンバー表を各選手に1枚ずつ渡した。スタメンにはマークする相手選手の名前のものを渡す。そして言った。

「いいか、雰囲気に飲み込まれるなよ。今から能代工業を飲み込むぞ」

監督の名前が書かれた紙の部分を僕は飲み込んでみせた。おいしいわけはなく、やはり捨ててもいいと選手たちに言ったが、彼らは「やります」と言い、飲み込んでしまった。そうして意気揚々と、僕らはコートに出ていった。

能代工は、やはり能代工だった。ゾーンディフェンスから切り替えの速い能代工らしい攻撃で、スリーポイントシュートやエース鈴木浩平選手の速攻などが決まり、序盤に点差が開きかけた。だが、僕も選手たちも危機感を抱くことはなかった。前半は焦らずについていけばいい、そう思っていた。

オールラウンドプレーヤーで、勢いづかせると止まらない鈴木選手を僕らは最も警戒していた。だが、彼がシュート態勢に入ろうとした瞬間、徹底マークを指示していた主将の大村真司が、鈴木選手が手に持つボールを思い切り手ではたいたのだ。実はこれは、狙ってやったことだった。僕らは能代工のチームとしての戦術だけでなく、選手のクセまでも徹底して分析していたのだ。

北谷には、元は選手だったが、ケガによりアシスタントコーチをするようになった島袋直人がいた。僕は彼に県大会からライバルの対戦相手について、ビデオ撮影や観戦をさせたりして、スカウティングさせていた。

最初は、相手選手がどの位置から好んでシュートを打つといった内容だったのが、彼は次第に相手選手の弱点やプレーのクセといった細かいところまで分析するようになっていた。〝能代工業の鈴木選手は、シュートを打つ時に必ずヒザ元からボールを上げる〟それが僕らの共通認識だった。その試合で、シュートを打とうとする鈴木選手のボールを、大村はその後もたびたびはたき、相手エースを波に乗らせなかった。

能代工の武器であるオールコートゾーンプレスにも、北谷は落ち着いてボールを運び、ルーズボールの奪取でも、北谷の選手は決して負けず、強かった。そしてインサイドには、以前の北谷にはいなかった、下地一明という大型センターがいた。

2年生になっていた彼は、リバウンド、得点力ともに各段に成長していた。北谷の攻撃をガード陣が引っ張り、この日、29得点と23得点をそれぞれ挙げる山口宏幸と宮城臣悟が勝負強く次々得点を重ねた。前半は能代工が2点リードで折り返し、後半、やや点差が広がるが、能代工の鈴木選手らに簡単なシュートミスが出て、一気に流れが変わった。それも北谷の選手が諦めずシュートチェックにいったことが功を奏した。

後半残り5分を切って64対64の同点。一度北谷が逆転するが、再び能代工に逆転され、さらに北谷が追いつき、71対71で延長戦に突入した。土壇場での能代工の気迫、勝負強さはやはり王者そのものだった。だが、それに少しも気圧されることなく、真っ向から能代工を受け止め対抗している北谷の選手たちに風格すら漂っていた。辺土名で全国を知り、豊見城南で〝打倒能代工〟を掲げ、北谷で〝全国制覇〟を本気でつかみ取ろうとしてきた。ようやく、ここまで来た。

僕の表情は最後まで厳しいものだったと思う。北谷は、延長戦に入っても常にスティールを狙う能代工のディフェンスに決して慌てず、しっかりボールを保持。残り時間わずかで、山口が値千金のスリーポイントシュートを2本連続で沈め勝利を近づけた。焦る能代工とは対照的に、北谷の選手は最後まで落ち着いていた。85対79で試合終了。能代の大観衆の前で北谷の選手たちは肩を抱き合い、喜びをあふれさせた。

豊見城南高の体育教官室の壁に〝打倒能代工〟の掛け軸を飾ってから10年越しの念願を叶えた僕だったが、勝利を喜ぶ選手たちの姿を見ながら、得点板の下でへたり込んでいた。胸中に湧いていていたのは安堵感だった。

北谷1年目からの積み重ねが、ようやく結実した瞬間だった。九州や全国大会、本土への遠征に行き課題やヒントを見つけ、それを克服したり、武器として強化したりすることをひたすら続けてきた。

能代カップで全勝優勝の快挙を成し遂げたメンバーは、166センチと小柄ながら、大きい選手に挟まれたら股の下をくぐっていったこともある宮城臣悟や、能力が高く北谷のバスケをするために長崎からわざわざ来たポイントガードの山口宏幸がいた。そして、シュートは下手だが客席にも飛び込むような人一倍ガッツのある宮城渉、常に冷静で真面目で頑張り屋の大村真司、そして下地がいたりと、他の選手たちも含めて個性派集団で途方もなく面白いバスケットをしていた。だから、勝負強かった。

大会を終えた翌早朝、北谷の選手たちは興味津々に能代工の朝練をのぞきに行った。その後、デパートに行くと、地元の子どもから「北谷の選手だ！」と声を掛けられたという。〝全国制覇〟が、近いように思えた。

だが、沖縄に戻る僕らに、大きな挫折という試練が待ち受けていた。

元NBA・田臥勇太にも嫌われた監督…「北中城戦の敗北」とどん底に落ちた安里の「驚異の倍返し」

〝能代カップ優勝＝全国制覇だ〟と喜び勇んで沖縄に帰った。2年前の静岡インターハイで3位に入ったことから「今度こそ全国制覇だ」と意気込んでいた。

だが、落とし穴が待っていた。数週間後にあった県高校総体の決勝で敗れ、全国大会出場を逃したのである。能代カップで優勝した学校はインターハイでは優勝できない、というジンクスがあったが、僕らは出場さえも叶わなかった。

相手は190センチ超の仲村直人選手やスキルの高い安谷屋健太選手擁する北中城高校で、大型のチームだった。

1991年の都道府県対抗ジュニアバスケットボール大会で、沖縄が優勝した時のメンバーが集まった最も強敵のチームである。彼らが北谷でなく北中城に進んだ時、僕はがっかりもした。だがそれでチームづくりをおろそかにしては、北谷に来た選手たちに申し訳ない。もちろん、負ける気も一切ない。何とか勝つための最善の努力を選手たちとしてきたし、北中城とはお互いを研究し尽くして切磋琢磨したことで、県予選が〝全国の決勝戦〟と称されるまでになっていた。

試合は、北谷対策を徹底してきた北中城に対して、北谷は出だし、まったく対応できなかった。インサイドの要の下地一明が、高さのある北中城のゾーンディフェンスに封じられ、北谷が攻めあぐねているうちに、北中城に速攻でどんどん得点された。前半のその大量失点が痛かった。

前半は北中城の30得点に対し、北谷はわずか13得点。後半にスリーポイントシュートなどで巻き返したが点差は縮まらず、47対63で敗れた。

気持ちが全国大会に先走ってしまい、目前のライバルの存在を忘れ、事前の対策が甘く足元をすくわれてしまったのだ。押し入れに1週間はこもっていたいほど落ち込んだ。能代カップでの優勝から、奈落の底まで落ちた気分だった。苦しかった。

しかし、もう一人の自分が「もっと落ちろ、もっと落ちろ」と言っているように感じた。落ちれば落ちるほど、その分〝倍返し〟ができることを自分でも分かっているからだ。案の定、悔しさを糧にして、取りつかれたようにいろんな専門書を読み漁っていたら、いい戦術を発見した。アメリカの大学バスケットのコーチによる専門書に記されていた「ラン・アンド・ジャンプ・ディフェンス」である。目に入った瞬間に「これだ！」と直感した。

基本的にはマンツーマンディフェンスではあるが、受動的ではなく、こちらから積極的に仕掛けるディフェンスだ。主にハーフコートにおいて、相手のスキルやシュート力のある選手がボールを持ったらすぐにダブルチームでつぶし、ボールを離させる。動揺させることで、パスカットやオフェンスチャージング、トラベリングも常に狙う。それによって、相手の組織プレーをバラバラにすることができる。特に北中城のガード陣を封じ込めることを意識した守りだ。これをすぐに戦術に取り入れ、選手たちに教え、練習試合で試していった。

選手たちも当然悔しい思いは一緒だった。加えて、僕の熱量も伝わったのか、夏場の暑い体育館での厳しい練習にもしっかりついてきて、ものにしてくれた。リベンジを誓って迎えた9月のウインターカップ県予選では、今度は逆に北中城を倒し、全国ベスト8まで行くことができた。

1997年にも同じような境遇に立たされた。高さのある根間洋一や得点力の高い田島健太郎、スリーポイントシュートが上手い宮里康矢らがいて、北谷は個々のタレントがそろっていた。能代カップでは87対100で敗れたが、かなりの接戦で、能代工と対戦した5チームの中で一番、点差が少なかった。

当時の能代工は3年生の畑山陽一選手が主将で、後に日本人初のNBAプレーヤーになるガードの田臥勇太選手、スリーポイントシューターの菊地勇樹選手、リバウンド力やミドルシュートが武器の若月徹選手という2年生トリオがいた。

ゾーンプレスによる激しいディフェンスに加え、とにかくトランジションが速く、前年にはインターハイ、国体、ウインターカップと全国3冠を獲得して高校バスケ界における「史上最強のチーム」と言われていた。その能代工に対して、自分たちの積極的なディフェンスと素早い攻撃が通用する手応えを感じとることができた。

この能代カップでは、田島が5人の最優秀選手のうちの一人に選ばれ、総得点では田島と根間が全チームの選手の中でトップ2だった。

大会後には、田臥選手がテレビの取材に「能代カップで北谷が強かったので、北谷が自分の中ではライバルになりました」と答えていたようだ。

しかし、この時もまた県高校総体で敗れてインターハイに出ることはできなかった。またどん底に突き落とされた気分だった。全国に挑戦すらできないのかと思った。でも当然、諦めない。この時は一から足腰を鍛え直した。

北谷高校から近い場所にある沖縄市陸上競技場を使い、芝生の上でボールを投げて全力で走って取りにいくという練習を取り入れた。芝生だから足腰にもいいし、思い切り走れる。厳しいトレーニングでスタミナと走力を底上げしてウインターカップの切符をつかみ、今度こそ全国への挑戦権を手に入れた。

この大会は準々決勝で能代工と当たり、105対128で敗れたものの、両チーム合わせて計233得点は当時の大会新記録であり、白熱した試合は「事実上の決勝戦」と称された。試合後、会場の東京体育館を埋めた1万人ほどの観客から北谷のバスケに嵐のような拍手が送られたことは、今でも鮮明に覚えている。チームがあれほどの人たちを感動させるゲームをするまでに成長できたのは、間違いなく県高校総体での負けがあったからだと思う。選手、コーチ、チームが成長するためには日々の練習に対する取り組み方が最も重要なのは間違いない。そして、特に悔しい負けをした時こそ、大きく成長するチャンスなのだ。

絶対王者・能代工を苦しめた北谷について、加藤三彦先生は「沖縄や北谷高校が嫌いなのではなく、安里幸男監督が嫌いなのだ」と言ったという。畑山選手や菊地選手を取材した記者からも、彼らが同様のことを話していたと聞いた。監督としてこれほどの誉め言葉はない。

全日本ジュニアの合宿で、僕がコーチとして田臥選手に会った時には、「先生、僕をあまりいじめないでください」と彼は言っていた。

ウインターカップで僕は田臥選手を徹底して分析し、臨んでいた。彼がドリブルを始めてフリースローラインより少し離れた位置でのシュートを得意としていたことから、そこを抑え、それ以上の離れた場所からは打たせて構わないと僕は指示した。普通の選手は得意なプレーを抑えられればシュンとなる。良い選手は立ち向かってくる。そして最高の選手はゲーム中に進化する。まさに田臥選手がそうだった。得意な位置からのシュートを抑えられた彼は、さらにそこから離れた位置からシュートを放ち、決めたのである。彼に後にその試合のことを聞くと「そこでしか打てなかったから」

と言い、僕は脱帽した。

北谷高校に勤務していた11年間、日本一を目指し、僕はありったけの情熱を注いだ。勝つためならあらゆることをしようと、大会前には視聴覚教室に選手たちを集めライバル校を分析した映像を見せたり、沖縄の伝統芸能のエイサーの音楽が役に立ちそうだと思えば、その音楽に合わせて一度、練習させたりもした。空手世界チャンピオンの佐久本嗣男さんを学校に招いて選手たちに空手をさせたこともある。北谷赴任3年目には遠隔地から入学してきた生徒のためにアパートを借りて、寮のような形にした。昼食は、今科子に弁当を作ってもらった。

とある北谷バスケ部のOBは、午前4時の喫茶店で、僕がバスケの指導ノートをテーブルに広げ、書き物をする姿を見たことがあったという。それだけ僕にとって、24時間、バスケットのことで頭がいっぱいだったということだ。だが、それだけしても、2000年に全九州大会で初制覇することはできたが、日本一の夢は叶わなかった。

全国制覇の目標は、その後に赴任する県立中部工業高校（現・美来工科高校）、県立前原高校でも続いていった。

北谷高校・能代カップ優勝メンバー
男子日本代表・元アシスタントコーチ

下地一明

「脳梗塞で入院していた時、沖縄から面会に来てくれたんです」

1991年、僕がまだ東風平中学校の生徒だった頃の話です。都道府県対抗ジュニアバスケットボール大会でたまたま少し活躍できて優勝し、全国の強豪校から誘いをもらう中で、安里先生は学校に何度も足を運んでくれたんです。それはもう熱心でしたね。

当時の僕は、すねていました。大人なんて、どうせ本気で構ってくれないだろうって……。ほとんど家に帰らないし、学校は遅刻するし、テストの答案用紙は白紙で出すし、とにかく問題児でしたね（笑）。

そんなある日、他校にケンカしに行って、そこのバスケ部の先生に捕まったことがあったんです。すると、安里先生が許してやってくれとお願いしてくれて……。「バスケで有名になるか、そこらへんをふらつき歩いている兄ちゃんになるか、決めるのは自分自身だよ」って言われたんです。その時に、確かにそうだな、この人だけは信用できるなって思いました。

北谷高校に入学してバスケ部に入ると、練習はもう地獄でしたね。精神的にも肉体的にもきつかった。北谷はとにかくディフェンスのチームだったので、でくの坊の僕は、ちょこまか動き回る小さい選手を相手についていけないわけです。それでも先生からは「ついていけ」と言われ、バケツに吐こうが「戻ってこい」と言われるし……。めまいで倒れて、2日ほど病院で点滴を打ったこともありましたからね。

ただ僕は、北谷にいればバスケが上手くなると思っていました。先生からはとにかく足さばきを教えられました。オフェンスでも、ディフェンスでも、やっぱり足運びが大事なんです。ピボットやフェイクなど細かいステップを本当に徹底して教えられましたね。

入学当時は、全日本ジュニアのユニホームなんて着られるとは思いませんでした。2年の時から2年連続で選ばれた時は、安里先生が全日本ジュニアのアシスタントコーチだったので、それで選ばれたのかな、と思っていたほどです。でも先生は、「明らかに実力で入った」と言ってくれました。

普段の練習では「全日本に入ったから何なの？　北谷高校では下手だよね」ってよく叱られましたけどね（笑）。ただ、そう言いながらも先生は、「下地は本当に上手くなった」と認めてくれていたみたいです。

正直、高校時代の安里先生との良い思い出は、僕にはありません。先生を勝たせてあげられなかったので。僕がもう少し上手ければ、それこそ北中城高校にも勝てただろうし、申し訳なかったです。それは、高校を卒業して中央大学へ進んでから、なおさら思いましたね。

大学に入って、僕のプレーはまた良くなりました。大学でもインサイドは誰にも負ける気がしませんでしたが、上のレベルに行けばそれだけでは通用しないと言われ、外に出だしたんです。その時、高校で教わったステップを体が覚えていて、外でも自然と生きました。安里先生からは、フックショットで指先の感覚をつかみなさいと徹底して言われていましたが、それがいかに重要かを大学に行って知ることができました。そして何よりシュートを入れる喜びを改めて感じることができました。

大学へ行った後も、何かあるたびに安里先生と連絡を取っていました。先生は何かを悟ると僕の大学の練習や試合を観にきたりするんですよ。

印象深いのは、僕が天狗になっていた大学3年生の頃。安里先生が試合を観にきて〝お前は何をやっているんだ？もう沖縄に帰ってきていいよ〟と言ってきたんです。いやいや、こんなにやれているし、と僕は思っていたんですが、〝下手くそになっている。全然ダメだ〟と。

自分のプレーが通用していたから、気が大きくなっていたのでしょう。試合が終わった後、先生は僕に何も言わず帰っていきました。僕のプレーが相当気に食わなかったんじゃないですかね。自分一人だけ良ければいいってもんじゃないと先生は言いたかったんだと思います。

２０２２年1月、僕は持病がきっかけで脳梗塞になりました。入院していた新潟の病院で、ようやく歩行器を使って歩けるぐらいになった時、看護師さんから「高校の時の恩師が来ています」と言われたんです。「え？何を言っているんですか？沖縄からここに来るわけないじゃないですか」と言うと「下にいるんです」と。

安里先生が、北谷高校時代のキャプテンだった大城誠と外部コーチの辺土名朝吉さんを連れて本当に来ていたんです。コロナ禍で面会はオンラインのみ許されていましたが、予約制で、飛び込みは本当はダメなのに、たまたま空いていて、看護師さんも、もういいですよと大爆笑していました。

先生は「下地の元気そうな顔が見られて、来てよかった。今日はおいしい酒が飲める」と言ってくれて、すごく嬉しかったですね。

先生から影響を受けたのは、人に対する接し方です。本当に全力ですから。温かいですし陽気だし。人に感動を与えることを先生は心掛けていると言いますが、自分が得をしようだとか、そういうのではなく自然とそれを表現できる。本当に心が大きい人だと思います。

コラム④

北谷高校・1997年ウインターカップ・ベスト8メンバー
滋賀レイクス育成ダイレクター

根間洋一

「先生から得た最も大きなことは〝当事者意識〟です」

今、僕はコーチをしていますが、高校生の時に安里先生からいただいた言葉に結構影響されていて、選手たちを指導する時にも自分の体験を話しています。

高校のチームというのは、3年生が引退して新チームになった数カ月間は、やっぱり力量が落ちます。でも、1年生の時からスタメンで出ていた僕は、「3年生の先輩はすごくいいパスをくれていたのに」と言って、自分がいいプレーをできないのを人のせいにしたり、横暴な態度を取ったりしていたんですよね。

その時に、安里先生から「お前はフィル・ジャクソンとじゃないとプレーできないのか?」と叱られたんです。フィル・ジャクソンは、NBAのブルズやレイカーズを何度も優勝に導いた名将ですよね。与えられた環境やチームメイトの中で、自分がどうやっていくかが大事。先生からは、グサッとくる叱られ方が多かったですね。叱られたということではなくて、叱られた中身にちゃんと向き合えたことが良かったなと思います。

高3の時に、先生に一度、バスケをやめると言ったことがあるんです。インターハイ県予選前の5月の能代カップ後ぐらいだったと思います。練習中、安里先生に「お前ら帰れ!」と叱られたことがありました。そういう時って、反省して、よりいっそう練習に励むものじゃないですか。でも、当時のチームにはクセの強い子が多かったこともあり、僕ら帰っちゃって(笑)。先生も、それならコーチはできないと、2週間ほど、部員だけで練習をやることになりました。

結局、保護者の仲裁で仲直りはできたんですけど、僕を含めた部員4人だけはその後も練習に参加せず、僕は父に、バスケをやめると話していました。選手数人で寮のような形でアパートを借りていたので、父から「やめるなら、先生に会ってちゃんと話さないといけない」と言われ、一人で教官室に行ったんです。そこで、先生に「もうバスケをやめます」と伝えると、先生から案の定「またお前は逃げるのか?」と言われて……。でも、やめると腹をくくっていたので「先生のそういう言い方ややり取りが嫌なんです」とはっきり言ったんです。

高校の監督なんて、生徒からすると恐怖じゃないですか。先生が激怒するかなと思ったら、いつもと違うことを察したのか、「何かあったのか?」って聞いてきたんです。僕も売り言葉に買い言葉だったのが拍子抜けしちゃって、実は……となりました。

その時、僕はすごくメンタルが弱くてネガティブで、思い込むタイプだったんです。試合前も、負けたらどうしようって考えて、自分の中に閉じこもっていました。

全日本ジュニアに選出された時も、北谷高校の看板や、安里先生が選考委員であることで選ばれたんだなと勝手に解釈していたんですよね。だから、自信になるというよりは、どうせそういう理由で、という気持ちが大きかったんだと思います。

そうして、その頃の僕は、自己評価と他人からの評価のギャップをすごく感じていました。自己評価が低いことはもちろんですが、周りの評価とのギャップを埋める努力をしなきゃと苦しんでいました。

それなのに、全日本ジュニアの活動から帰ってくると、先生は、先輩たちにもそうでしたが、調子に乗るなと、それまで以上に怒るんです。それって、僕にとっては不本意なことじゃないですか。それを先生に伝えましたね。

「僕は調子にも乗っていないし、自分の評価と周りの評価のズレをすごく感じて苦しんでいて、でも、自分のバスケットのキャリアで、それは絶対に埋めなきゃいけない。その努力をしようと思っているのに、あなたはなんで、そんなデリカシーのない話をするんですか」と。そこで先生は「すまん」と謝ったんですよね。

その会話で、心のつっかえが取れました。そして、性格が大きく変わったんです。監督って大きな存在ですよね。しかも、ああいう強大な人に対して腹をくくって本気であたった。その行動というのは、極めて大きな自信になって、僕の中で今も生きています。

高校最後の試合は、ウインターカップで能代工業と対戦しました。ベスト4を懸けた試合でしたが、僕がファールアウトで退場したんです。その時、以前の試合のことを思い出しました。その試合でも僕が退場してしまい、責任を感じてタオルを被ってうずくまっていたら、先生にめちゃくちゃ叱られたんです。試合が終わっているのは僕だけで、チームは戦い続けている。だから、自分がつらくてもタオルを取ってベンチで手を叩いたり、声を出したりしてチームメイトの背中を押さなきゃいけない。

安里先生から得た最も大きなことは〝当事者意識〟です。上コーチとして、僕が選手に一番求めていることですね。上手くなりたいのなら、受け身にならずに、自分でも行動を起こせ、ということです。今振り返れば、先生に意見をぶつけたことや、ファールアウトした後にベンチでタオルを被るなと言われたことなどは、僕に当事者意識を芽生えさせてくれました。

僕が安里先生から得たものは、本当にたくさんあります。今でも多くの影響を受けています。

北谷高校時代の最後の教え子
全九州大会優勝メンバー

赤嶺直幸

「すべては安里先生の〝熱〟から始まりました」

北谷高校へ入学する前年の1997年、都道府県対抗ジュニアバスケットボール大会で、沖縄選抜の一員として優勝した後、僕は燃え尽き症候群になっていました。

ありがたいことに、福岡大学附属大濠高校や北陸高校（福井県）から誘いがあり、バスケ部の見学に行ってみたのですが「内地には行きたくない」という気持ちが強くて……。そんな時、安里先生から、北谷高校バスケ部の練習見学の誘いがあったんです。学校へ行くと、体育館から離れていても、とんでもない熱気を感じました。

体育館では、生徒たちが情熱的に練習していましたが、誰よりも一番熱いのが安里先生でした。先生の声を受けると、生徒たちは気合いを入れ直し、動きが変わったんです。その場に漂う異常な〝熱〟に触れ、ワクワクが止まりませんでした。2階のギャラリーで見学するだけのつもりでしたが、先生から「やってみるか?」と言われ、思わず、先輩たちからバッシュと着替えを借り、メガネをかけたまま練習に参加しました。

高校生相手に跳ね返された場面もありましたが、案外やれる、という手応えを感じました。そして気がつくと「北谷高校へ行きたい」という気持ちになっていました。燃え尽きていた情熱に再び火がついたのです。火元は、先生でした。その後、入学前の春休みに、北谷高校の大阪遠征にも僕は帯同。北谷高校のユニホームを着て試合をし、得点もチームで一番ぐらい挙げました。入学後は1年からずっとスタメンで使ってもらいました。

先生が中部工業高校へ異動する間近の2000年2月の全九州大会は、非常に思い出深い大会になりました。県予選の大会で北中城高校に敗れ、県2位で出場した北谷は、1回戦で小林高校（宮崎）と対戦。北谷にとって小林は、九州大会でよく当たり敗れていた相手です。「意地でも勝つぞ」と、小林対策をかなりやって試合に臨むと、先生の作戦がピタリとはまり15点差で勝ちました。

2回戦の相手・大濠高校は、僕にとって因縁の相手でした。なぜなら、大濠のスタメンのうち4人は、僕が中学時代に大濠にスカウトされてバスケ部の練習を見学した際、一緒に集められた4人だったからです。九州大会で僕ら北谷が2回戦で敗退した時には、大濠の先輩たちから「赤嶺、進路を間違えたな」とからかわれていました。大濠を倒すチャンスが巡ってきたと思いました。

試合はシーソーゲームが続きましたが、後半残り10分を切ったあたりから、大濠がいつもと違う展開に焦り始めました。身長の高い選手たちがスリーポイントシュートを次々と打っては、外していったんです。チャンスと見た先生からオールコートプレスの指示が出て仕掛け、一気に点差を引き離しました。まさに先生の采配が的中、勝利をもぎ取ることができました。

準決勝も突破し、決勝は北中城高校との対戦でした。県大会で北谷が敗れた相手です。安里先生にとって北谷高校での最後の試合だったので、僕らは絶対に勝ちたかった。その試合も、シーソーゲームとなりましたが、最後は僕らが72対62で勝利。県大会で優勝を決めた後の北中城が僕らの目の前でやったように、僕らも全員でコートへヘッドスライディングして喜びを表現しました。僕はその大会で得点王になりました。

安里先生はその大会を最後に中部工業高校へ異動しましたが、先生との関わりはまだ続きがあります。

3年のウインターカップ県予選で、北谷は4校で争う決勝リーグに進出。安里先生率いる中部工業に勝ったものの、前原に敗れ1勝1敗となり、そこまで2勝全勝の北中城と最終戦で対戦することになりました。その時、安里先生が、今やライバル高である北谷の控室に突然現れたのです。中部工はその時点で2敗で、1勝1敗の前原との最終戦を控えていました。安里先生が僕らに言いました。

「北谷が北中城に勝ち、中部工業が前原に勝てば、北谷と北中城が2勝1敗になり、直接対決での結果が優先される。だから北谷にはまだ優勝の可能性がある。俺たちは勝つから、頑張れ」

その言葉で僕らは奮起したのです。結果、北谷のブザービーター（終了直前の得点）で劇的勝利を収め、優勝を飾れたのです。そして、ウインターカップでベスト8に入り、高校最後の大会を締めくくることができました。

安里先生は、僕が2年に上がる頃から、僕らに刷り込むように「自分の頭で考えろ」と言い続けました。近いうちに、自分が他校へ異動になると見越していたのでしょう。だから先生がいなくなることについて不安はありませんでした。

先生がいなくなり、安里先生の教え子で北谷ＯＢの山口宏幸さんと島袋直人さんがコーチを引き継いだ後も、僕らは部室などでよく、自分たちで対戦チームを研究し、相手選手のクセなどを指摘し合いました。そうした取り組みは、安里先生が遺していったものだと思います。

卒業式には、安里先生が北谷高に来て、卒業する部員全員に言葉を書いた色紙を贈ってくださいました。僕がいただいたのは「初志貫徹」でした。すべては安里先生の〝熱〟から始まった僕の高校時代でした。

第4章 コーチとしての心構え

2013年8月、ユーグレナカップにて
前原高校の選手たちに指示を出す安里

「成功するコーチになるための五か条」①
〝笑われるくらいの目標を立てる〟

バスケに限らず、スポーツのコーチ（指導者）として成功するためには、五つのことを大切にすべきだと考えている。まず必要になるのが、「周囲に笑われるくらいの目標を立てること」だ。

僕が生まれた大宜味村は沖縄の中でも田舎だが、そういう場所で指導をするコーチにとって、内向きな目標は成長を鈍らせてしまう。チームづくりはすぐに限界がくるし、選手たちの可能性も広げることができないためだ。選手の器というのは、コーチの器に左右されてしまうもの。大きな目標を持つことは、練習や試合に臨むにあたっての巨大なエネルギーになる。

それは選手にも同じことが言える。例えば、サッカー・元日本代表の本田圭佑氏は、子どもの頃の夢が世界トップレベルのイタリアリーグ・セリエAで、エースナンバーの10番を背負うことだったという。それを彼は、大人になって実際に強豪チームのミランで叶えた。野球の大谷翔平選手も、高校時代に「27歳でＷＢＣに出てＭＶＰを獲る」と目標を掲げ、28歳で実現した。彼らが掲げた大きな目標が、当時周囲の人にどう受け取られていたかは分からない。だが、成功する人、目標や夢を達成する人たちは、そういう大きな夢を持っていることが多い。

僕自身の話をすると、辺土名高校時代、全国大会に出場する前に「日本のバスケットボールの方向性を示すようなゲームを必ずやろう」と、選手たちに伝えたことはすでに述べた通りだ。いたって真面目に掲げた目標だったが、選手たちは皆、キョトンとしていた。それもそのはず。時代は、本土復帰した直後の沖縄である。当時のやんばる地域には、今のように全国の高校バスケ界の情報なんてほとんど入ってこなかった。いわば敵の輪郭すら見えない状況で、「日本の」というスケールの話をしたのだ。選手たちが、「この人は何を言っているんだ」と思ってしまっても致し方ない。

それでも、その熱い思いを胸に指導にあたったことで、海と山に囲まれた極めてのどかな環境にあった辺土名高校は、体育館だけは連日熱気に包まれていた。金城健や金城バーニーなど、主力の選手には10人続けてオールコートで一人で守らせたこともある。

「超速攻」を掲げた戦い方を実現するために、毎日走りまくる練習は、彼らにとって地獄だっただろう。それでも、その厳しい練習についてきてくれたのは、間違いなく大きな目標があったからだと思う。その原動力のおかげで、インターハイ3位になるまでにチームが成長できたのだ。

「打倒能代工」を掲げた豊見城南高校時代も、「日本一」を目指した北谷高校時代も同じことだ。先述した通り、非現実的に思える目標は、周囲に笑われることも多々あった。だが、その後、北谷は日本一には届かなかったもののインターハイ3位。そして、北谷に赴任して5年目となる1993年の能代カップでは、ついに能代工業高校を倒すことができた。「打倒能代工」の目標を掲げてから、10年後のことである。

もし目標を掲げていなかったら、絶対に能代工に勝つことはできなかったと思う。笑われるくらい大きな目標を持てば、本当に大きなエネルギーを生むことができる。できない理由を探して、言い訳をするのはカッコ悪い。大きな目標を立て、それに向かって継続して取り組むことが、コーチにとって大切なことだと思う。

「成功するコーチになるための五か条」②
〝最善を尽くす〟と〝準備の徹底〟

コーチは、その能力から「普通」「良い」「優秀」「最高」の4パターンに分けられる。普通のコーチは言ってやらせる。良いコーチは説明をする。優秀なコーチはやって見せ、褒める。そして、最高のコーチは選手の心に火をつける。触ったら、やけどするほどの情熱を持って選手と向き合い、やる気を焚きつけるのが理想のコーチだ。

選手自身のやる気が高まれば、「もっと上手くなりたい」と自主的に練習をするようになる。すると、成長速度がどんどん高まっていく。選手の自信は「準備ができている」と自覚するところから生じると思う。選手をやる気にさせることこそ、コーチにとって何よりも大事なのだ。

そうするためには、コーチは常に最善を尽くさないといけない。選手に「頑張れ、頑張れ」と伝えるだけではダメだ。練習中、イスに座って指示を出しているだけのコーチは、コーチの風上にも置けない。コーチがサボっていれば、選手のいい加減なプレーにつながる。しっかりと選手たちの動きを見て、誤った動きがあればすぐに正す。のんびり座っている暇なんてない。すべての選手に聞こえるように声を大きく発し、本質を鋭く突いた指示を出す。フロア上でのコーチの態度が、選手に伝染することを自覚し、熱心に指導しなければならない。

もちろん時間も厳守だ。時間のルーズさは練習計画を狂わせ、選手の日々の生活にまで悪影響を与えてしまう。

何も、最善を尽くすのはコート上だけの話ではない。選手たちが試合でいいプレーをするためには、日々、どれだけバスケットボールという競技についてコーチが分析・研究し、用意周到な準備をすることができるかが問われる。

先に述べたように、辺土名を率いていた頃は本当に何もない田舎で、情報が全然入ってこなかった。当然、インターネットもないため、本や雑誌を読むしか情報を入手する手段はなかった。そのため、毎月、専門誌の『月刊バスケットボール』を購入しては戦術コーナーを熟読し、本場アメリカの大学バスケの名将が戦術論を説いた数百ページにも及ぶ分厚い専門書も読み漁った。

その習慣は、どの学校で指導している時も変わらなかった。強い相手を倒すためには、新しい理論をはじめ、いかにコーチが知識を増やし、最善の策を練ることができるかが大事になってくる。幸いにも今は、ＢリーグやＮＢＡ、ワールドカップなど、いろんな試合を見やすくなっているため、常に勉強するという意識さえあれば教材は無限にある。

一方で、近年、先生たちの働き方改革もあって、学校の部活動を外部コーチが見るケースも増えている。それでも、まだまだ教員が指導しているケースがほとんどだと思う。教師は授業や年間行事、保護者とのやり取りなど、とにかく仕事が多い。授業後の部活動の頃には、疲れ果てている人も多いだろう。

でも、だからこそ、自分自身をいかにワクワクさせてコートに立てるか、そういう状況を1年間で何回つくることができるかが勝負だと思っている。

例えば、僕は夜にバスケットボールの試合映像を見て「このプレーは使える」「これはチームに合っている」と思うシーンがあると、「早く選手たちに教えたい」という気持ちが湧いてきて、明日が待ち遠しくなる。それをすぐに練習メニューに反映させ、さらに改善を加えていく。大会期間中は、特にその傾向が強かったと思う。

全国大会になると、連日のように試合が続く。試合後は疲れているため、すぐに眠りにつくが、午前2~3時頃には起きて、次の対戦相手のビデオをくまなくチェックしていた。そこで思いついたことを朝の練習ですぐに伝える。その積み重ねが選手からの信頼を生んでいくし、選手たちの自信にもつながっていく。まさにバスケバカの所業であるが、僕にとってはそれがやりがいであり、自分のモチベーションを高めるすべだった。

試合への準備という点で言えば、相手チームの分析をとことん行っていた。特に、準決勝や決勝の相手、大会の優勝候補に対しては、チームの戦術だけでなく、ビデオを繰り返し見ながら個々の選手のクセまで徹底的に分析していた。相手のディフェンスはマンツーマンが主なのか、ゾーンも使うのか、オールコートでプレッシャーを掛けてくるのか。オフェンスではどの選手が起点となり、それぞれどんなプレーを得意としているのか。すべてコーチが入念に調べ上げ、選手たちに伝える。

そんな用意周到な準備が完璧にハマったのが、1995年の福島国体での1回戦だった。対戦相手は、この年のインターハイで3連覇を達成した能代工の選手が中心となった優勝候補筆頭の秋田県。沖縄は、北谷と北中城高校の選手で構成していた。

秋田は3年生ポイントガードの半田圭史選手が司令塔となり、オフェンスの7割が彼のパスから始まっていた。ただ、彼自身のシュート力はそこまで高くはなかった。

だから、間合いを詰めすぎないでドライブを警戒した。スリーポイントシューターにはボールを持たせないように徹底して、パスコースを塞ぐディナイディフェンス。ゴール下の選手は、ローポストでボールを持った時に左のターンショットが多かったため、それを簡単に打たせないように守る。そんな戦術で臨むことにした。

大会本番までに10日間の練習があった。初戦で秋田とやることが決まった時点で「絶対倒してやる」と決意し、すべての練習で「仮想秋田」を意識して準備した。

まず行ったのが、僕が分析してきた相手の戦術や個々のプレーのクセを選手たちに伝えること。そのうえで、メンバー12人をAチームとBチームに分け、Aを沖縄、Bを秋田とし、選手たちに実際に秋田役をやらせた。そして、次の練習日はAとBの役割を交替。相手のことを知ろうと思えば、実際に相手のプレーをやってみることが大事だ。そうすることで、相手に対する理解がより深まる。

時には、相手のいい部分を自分たちの武器にすることもある。試合中に相手が得意とするセットプレーをわざとやり、暗に「お前たちのことを知っているぞ」というメッセージを伝えて、プレッシャーを掛ける駆け引きも行った。

秋田戦に向けては、事前に40分間の中で「この時間帯はマンツーマン」「この時間帯はゾーンで守る」などの工程表を作り、最後は「フルコートのプレス」で畳み掛けるという計画を立てた。これだけ綿密な準備を重ねたのだ。あとは、選手達に「やってきたことを見せろ」「勇気を持って事に当たれ」「名前負けするな」と伝えて、コートに送り出すだけだった。

結果は77対51。全員得点での完勝だった。事前の想定が9割当たればいいと思っていたが、この試合はほぼ10割だった。それもこれも、事前の対策通りにしっかり動いてくれた選手たちのおかげだ。感謝の気持ちでいっぱいだった。準備の大切さを改めて実感する試合だった。

「成功するコーチになるための五か条」③
〝小さな感動を日々与える〟

コーチには競技の知識を増やすだけでなく、自らの人間性を高める努力もしてほしい。それなくして、他人の能力を引き出すことは絶対にできないと考えるためだ。選手たちも、尊敬できない人から指導されても、素直に聞く耳を持たないだろう。当たり前だが、人間性を高めるためには、コート上で指導をするだけでは足りない。

人間は習慣の動物であるため、日々の行いが必ず指導にも表れると思う。コーチの皆さんには、バスケ以外の学校行事などでも絶対に手を抜かないでほしい。僕自身、他人に「小さな感動を日々与える」ことを意識し、皆から愛される、応援してもらえる存在になれるよう、日々過ごしている。

中部工業高校（現・美来工科高校）の頃の話だが、学園祭の打ち上げの幹事を任されたことがあった。学校の職員は１００人近くで、予算は15万円。例年であれば、５０００円のオードブルを20個注文し、残りのお金でソフトドリンクを買って、会食をするのがお決まりだった。だが、それでは面白くない。職員は生徒たちと一緒になって準備に時間を割き、頑張ってきたのだ。労いの意味を込めて、皆がビックリするようなことをやりたかった。

そこで思いついたのが、マグロの解体ショーだった。なんとか予算内で安く仕入れられないかと考え、居酒屋の大将をやっている友人に相談をした。「僕がバックアップするからやりましょう」と言ってくれて、１メートル30センチほどのマグロを卸値で安く仕入れてくれた。

当日は、体育館の前で打ち上げをやった。マグロはステージ向かいの後ろのほうにスタンバイして白い布を被せ、参加者からは見えないようにしていた。司会も務めていた僕は、「これからマグロの解体を始めます。まわれ右！」と言って、皆が振り返った瞬間にマグロにスポットライトを当て、大将が布をパッと取ってお披露目をした。教員たちには、事前に「当日はマグロを釣って解体しますよ」と伝えていたが、どうやら半信半疑だったようだ。そのため、お披露目の瞬間には大歓声が上がった。ダーッとマグロのほうに駆け寄り、大将と弟子2人による豪快な解体ショーを見て、喜んでくれた。

大量の豚汁も振る舞った。打ち上げの時間は、どうしても家の夕食の時間と重なってしまう。会費を払っているのに、家の夕食の準備で早めに抜けないといけない人がいるのは不公平だ。だから、子連れで家族と一緒に参加できるように配慮した。豚汁だけでなく、ご飯もたくさん用意した。みんな笑顔だった。

北谷時代の1998〜99年度には、学校が文科省・教育庁の環境教育の指定校になり、僕が責任者を務めることになった。どの教員も自分の授業や部活動などで忙しく尻込みする中、九州大会で不在であることをいいことに、勝手に僕に決められていた。

全国制覇という目標に向け、バスケットボール部の強化に打ち込んでいた時期である。部活の指導に専念したい思いも強かったが、北谷に赴任して10年近くが経っていたため、お世話になった方たちへの恩返しの意味もあって引き受けた。

この時も、「小さな感動を与える」という意志を貫いた。他の先生たちには、「引き受けるからには嫌々ではなく、学校と生徒にプラスになることをやるので全職員の協力をお願いしたい」と訴えた。広報を担当してくれた平敷武勝先生には、環境新聞を発行してもらい、取り組み内容を随時校内に共有してもらった。

1年目には取り組み内容を教育庁関係者らの前で発表する中間発表があり、2年目には本発表があった。これもただ視聴覚室で発表会を開くだけでは面白くない。思案した結果、もっと広い体育館を使い、第一部を研究発表、第二部を舞台発表で構成することにした。

同じ頃、琉球舞踊を習っている生徒が全国の弁論大会で上位入賞し、お祝いをする機会があった。その子の実家は民謡酒場を経営していたため、そこで祝いの会が開かれた。会には、玉城流玉扇会という由緒正しい団体の二代目家元である玉城秀子さんが、その生徒のお母さんの師匠ということで、お弟子さんを含めて7～8人が参加していた。玉城さんはその子が小さい頃から目を掛けていたようで、とても思いの詰まった挨拶を述べていた。

その姿に感動した僕は、「環境教育の研究発表と琉球舞踊を合体させたら、みんなを感動させられるんじゃないか」とひらめいた。今振り返ると「なんてバカなことを思いついたんだ」と思う。だが、玉城さんに熱意を込めて依頼したら快く引き受けてくれた。

発表会当日は、僕の辺土名高校時代の同級生で、沖縄県立芸術大学の学長を務めた比嘉康春氏が地謡を務めてくれた。学校の一行事とは思えないほどの豪華な発表会になり、体育館を埋め尽くした人たちはとても感激していた。

会場には、玉城さんを歓迎するための横断幕や看板、花も用意して、玉城さんが好きな美空ひばりの曲を流して迎えた。その後の懇親会では「安里先生の熱意に打たれて、今日の公演を決心しました。こんなに気持ちよく踊れたことはないです」と言ってくださり、僕も本当に嬉しかった。その3日後には、玉城さんに当日の写真と生徒たちの感想文をまとめたアルバムも贈り、感謝の気持ちを伝えた。

翌年の本発表でも、第二部で舞台発表を行った。その時は生徒による創作環境劇の他、沖縄出身の音楽ユニット『しゃかり』でボーカルを務めるチアキに出演してもらった。彼女は、北谷の卒業生で僕の教え子である。出演をお願いしたら、快諾してくれた。母校の体育館で思い切り熱唱し、舞台発表を盛り上げてくれた。

以上、長々と過去の何気ない話を述べたが、僕が伝えたいのは周囲の人を喜ばせ、応援される人になってほしいということだ。僕は何をするにも、絶対に手抜きをしない。物事を最後までやり通して、他人を感動させることを意識している。それを習慣化することで、バスケットボールに対しても手抜きをしなくなると考えている。

バスケットボールだけをやっていては、人間として成長できないと思う。台風が来ても負けないガジュマルの木のように、自分自身の人間としての幹を太くする。それができれば、自分のやりたいバスケットボールのスケールも、自然と大きくなっていくのではないだろうか。

試合は、舞台発表だと思っている。玉城秀子さんやチアキのような芸能関係、アーティストの方々は日々厳しい稽古や練習に取り組み、その成果をステージ上で発表して観るものを感動させる。

バスケもそれと同じだ。試合に向けてできる限りの準備をし、コート上で表現する。

観る人が感動すれば、学生の大会でも会場が多くの人で埋まったり、井上雄彦さんのように作品の参考にしてくれたりする。小さな感動を日々与えるという習慣は、自らの人間性を向上させ、間違いなくバスケットボールにも生かされるのだ。

「成功するコーチになるための5か条」④
〝小さな約束事でも必ず守れ〟

僕は学生時代に能代工を訪れ、加藤廣志先生と出会ったことが、人生の分岐点になった。だから、考えるより行動を起こすべきだと常々思っている。それがチャンスを手繰り寄せると思うからだ。

世の中には、口だけで行動が伴っていない人も多いように思う。僕が指導するチームの練習を「見に行きたい」と言ってくれても、実際に来るのは10人に1人いるかどうか。「今度お酒を飲みましょう」という言葉も、だいたいが社交辞令である。

以前、沖縄の女子チームのコーチから「先生、那覇で懇親会をしましょう」と言われたことがあった。その時は「もちろんいいよ」と答えたが、それからはなしのつぶて。

僕の家は本島中部のうるま市にあるが、お誘いがあれば那覇だろうと泊まりがけででも行く。彼のチームが全国大会でなかなか勝てていなかったため、僕なりにアドバイスを考えていたのだが、話す機会を失ってしまった。

もし彼が有言実行で懇親会を開いていたら、僕だけでなく他のコーチからも、いろいろな考えが聞けたかもしれない。普段はなかなか他のコーチの言葉に耳を貸そうと思わなかったりするが、そういう場であれば意見がすんなり入ってくることもある。意見を交わすことで、違う発想が生まれることもある。社交辞令だったかもしれないが、たとえ小さな約束事でも行動に移せば、何かを得られるチャンスがあるのだ。

小さな約束を守ることは、選手たちとの信頼関係の構築にも不可欠である。「試合に勝ったら明日は休みにする」と言いながら、勝っても内容が悪ければ約束を守らないコーチはいっぱいいる。それでは選手たちのモチベーションは上がらず、チームが強くなるわけがない。約束を守れば、そこで信頼関係が生まれてくる。

美来工科時代に、高校近くの美里小学校のミニバスケットボールクラブに遊びに行き、子どもたちとフリースロー対決をしたことがあった。僕に勝てばバスケットシューズをプレゼントすると伝えての勝負。もちろん、勝つつもりで僕が先に15本入れたが、なんと一人の子が16本入れた。

そのため、僕は翌日、シューズを購入するために、スポーツ店に向かった。有言実行しなければ、子どもたちにウソをついたことになる。購入後、放課後に子どもたちの元へ行き、みんなが見守る中、その子へのシューズの贈呈式を行った。

一例ではあるが、僕はそういう日々の簡単な約束事であっても、必ず守るようにしている。その積み重ねが、選手なら技術の向上に、コーチなら指導力の向上に必ずつながると信じているためだ。

「成功するコーチになるための五か条」⑤
〝夫婦が尊敬しあえる関係を目指せ〟

約45年にわたって、バスケットボールの指導を続けてこられたのは、間違いなく妻の存在があったからだ。

出会いは辺土名高校の学生時代。僕が高校3年生の時、彼女は1年生だった。保健委員会の活動を一緒にやっていくうちに心優しく芯の強い人だと感じ、彼女と一生をともに歩んでいきたいと、高校生ながらに思ったのを覚えている。

入籍したのは1978年4月17日。その1カ月後の5月14日には結婚式を挙げた。山形インターハイで、辺土名が3位に入る数カ月前のことである。当時の僕はまだ教職に就いておらず、生活も安定しない時期だったため、よく決心してくれたと思う。この年の10月には長男も生まれた。

男の子2人、女の子1人の子どもたちに恵まれたが、僕は家庭を顧みることなく、全国制覇という目標を追い求め、土日も祭日も関係なく365日バスケットボールの指導に没頭した。

結婚した当初、妻から「あなたは、バスケットと家庭とどっちが大切なんですか」と言われてケンカになったこともある。しかし、僕が29歳の時に肝機能障害を患い、医者に「このままいくと30代までの命」と言われたことで、看護師の妻は「それならお父さんの好きなことをうんとさせてあげよう」と決心したそうだ。

それから妻は、自身も仕事で忙しい中でも嫌な顔ひとつせず、「お父さん、素晴らしい仕事に就くことができて、ほんとに良かったね」と言い、背中を押し続けてくれた。

2000年に赴任した中部工時代には、北谷を11年間率い、こんなこともあった。

全国で成果を出していたことで、「今度こそ全国制覇だ」と意気込んでいた僕は、遠方から来る選手も受け入れ、選手たちがより長く練習時間を確保できるようにするために、近隣に寮を建設する構想に着手した。

「日本一のチームをつくるための合宿所建設」と名づけたこのプロジェクトは、有志で話し合い、とにかくいろんな手段を講じて計画を進めた。知り合いのつてで、沖縄市民会館を2日間無料で使わせてもらい、チャリティー公演をして314万円を集め、それとは別の寄付活動でも100万円を募った。建設する土地は、北谷時代の教え子の保護者が「先生、使っていいよ」と、中部工近くの90坪ほどの畑を無償で使わせてくれた。さらに、教え子からのエアコンの寄贈もあった。

しかし、総額で1800万円ほど掛かる計算である。集めても集めても、まだまだ足りない。さすがの僕も「これは無理やさ」と半ば諦めていた。そんな時、妻は家に四つあった預金通帳を持ってきて「お父さん、二つは子どもたちのために残すけど、あとの二つは好きに使っていいよ」と言い、応援してくれた。結果、晴れて寮を建設することができたのだった。

僕は、子育てにほとんど関わらなかった。いい夫でも、いいお父さんでもなかったと思う。一方で妻は、看護師として自分の仕事をしながら、家事や育児をこなしてきたのだ。心から尊敬している。素晴らしい妻であり、母親であり、僕にとっての良き理解者である。結婚した20代の頃から現在に至るまで、あらゆる困難を乗り越えるためにいつも寄り添ってくれていた。

だから、今の僕のテーマは、妻を日々笑顔にし、小さな感動を与えることだ。ある日、なんとなくラジオを聞いていたら、女性の投稿者の「男は卑怯だ。やる気もないくせに、私が洗濯物を干していると、口だけで『手伝ってやろうか』と言ってくる」というコメントが紹介されていた。「あいや、俺のことだ」と思った。僕も卑怯な手を使っていたのだ。

部活から帰ってきたらシャワーを浴びて、テレビを点けて、ビールを飲む。妻は仕事から帰ってきて夕食の準備をして、洗濯物を回して、それを干す。その時に僕も、「おーい、手伝おうか」と言っていた。やる気もないくせにだ。いつも妻は「大丈夫だよ」と言うから、そのままビールを飲んでいた。

そのラジオを聞いてからは、何も言わずに洗濯物を干すようになった。今は毎朝、仕事に行く妻の弁当に入れる卵焼きを作るようにしている。少しずつだが、できることは増えてきたと思う。

スポーツにおいてもそうだが、人は日々改善していく必要がある。それは何歳になっても変わらない。直すべきことに気づいた瞬間に、すぐ改善に向けて行動に移せるかどうかは日々の習慣がものを言う。

他人に対して、小さくてもいいから感動を与えるという習慣も、それがやがては自分の好きな道を囲んでくれる人が増えていくことにつながると思う。中部工時代に寮を建設した時にも、応援してくれる人の多さを強く実感したものだ。

今の僕が形成されたのは、妻のおかげと言っても過言ではない。人は、一歩家を出れば仕事という戦場に立ち向かっていく。だからこそ、家で癒やされ、充電する必要がある。家庭内の仲が悪いと休まる場所がなく、すべてのことが散漫になり、何事も上手くいかなくなる。当然、バスケットボールどころじゃない。一人の人間として、一人のコーチとして成長していくためにも、尊敬し合える家庭を築いてほしい。

「チェックリスト」「マスタープラン」「デイリーノート」で準備！勝利へのプランを記した〝100冊の安里ノート〟

目標の設定やコーチとしての心構えができたら、あとはコーチがどれだけ練習や試合に向けて細かい準備をできるかが勝負になる。

先述したように、コーチのやる気はチームに伝染していくため、入念な準備は、選手たちに「このコーチは本気なんだ」「この人について行きたい」と思わせることができる。学校によっては、体育館を使った練習ができる時間が少ないところもあるし、事前に練習計画をつくることは、部活動の貴重な時間を無駄にしない効果もある。

オススメなのが、日々の練習メニューや出来事を書く専用ノートをつくること。僕は大学の頃から、練習で気になったことは紙に書くようにしていた。理由は単純。その時々の思考を忘れず、漏れなくバスケットボールに生かすためだ。

僕は、辺土名の指導をしながら名護市立久辺中学校に勤めていた頃から、ノートを書き続けてきた。かれこれ45年以上にもなる。そして、そのノートの数も約100を数えるまでになった。

練習ノートをつくるためには、3つの段階がある。

まずは、「チェックリストの作成」だ。目標に対して、コーチが目指すチームを具現化するために必要な戦術を書き出す。

例えば、オフェンスでは速攻を頻繁に出したいのか、ハーフコートでどのような攻撃をしたいのかで取るべき戦術は変わってくる。ディフェンスはマンツーマンなのか、ゾーンなのか。ハーフコートとオールコートでは、それぞれどんな守り方をしたいのか。理想とするバスケットを表現するために、取り組むべきことをすべて書き出して、どのように指導していくかの計画もあわせて考えていく。

それができたら、2段階目。日々の練習計画の概略を一覧できる「マスタープラン」の作成に移る。大体1～2カ月くらいのスパンでノートにカレンダーを書き、そこに日ごとや期間ごとで重点的に取り組む練習を書いていく。大会によって、相手のレベルや特徴が異なり、自分たちの状態も刻々と変わっていくため、僕の場合は大会があるたびに本番に向けての計画をつくっていた。

マスタープラン用のノートを一冊用意するのもいい。例えば、「オフェンスの連係」「ゾーンプレスの練習」など、数日にわたって取り組むものもあれば、「残り3秒で1点差」など、特別な場面設定におけるフォーメーションの確認など、1日で終わるものもある。

こういった練習の大枠を前日や当日に場当たり的に決めるのではなく、マスタープランを基に長い期間で計画的に取り組むことができれば、大会前の確認事項の漏れを防いだり、ビジョンを明確にしたりすることができる。加えて、選手たちの日々の練習に取り組む意識を高める効果もある。

最後の3段階目は、日々の練習計画を書き出す「デイリーノートの作成」だ。マスタープランに沿ってその日に取り組む内容を確認し、細かいメニューを順序立てて列挙する。攻守における連係プレーの練習をする時は、定規でコートの図をかき、各選手の動きを書いておくことも多い。

マスタープランやチェックリストについては、清書して選手に渡して細かく方針を共有することもあった。

1990年代に、東京ドームでNBAの公式戦があった時の話だが、当時全日本ジュニアチームのコーチをやっていた僕は、NBAのアシスタントコーチが講師を務める勉強会に招かれた。どうやら、そのコーチによると、自身が指導すべきことがすべて書かれた本を持っていて、選手たちにも共有しているという。この本はチームが作ったもので、所属している間だけ選手に渡されるものなのだそうで、練習の時には、「今日は何ページをやるぞ」と言えば、選手たちもすぐに練習に入ることができるというのだ。

話を聞いて、「これは絶対にやるべきだ」と思った。選手も勉強をする必要があるため、思考力も上がる。僕はこれを真似て、北谷や中部工などで「勝利へのプラン」として配布した。いろいろなチームから選手が集まり、全体練習の日数が少ない国体のコーチをやっている時には、より効率的にトレーニングを進めたかったため、非常に有効だった。

チェックリスト、マスタープラン、デイリーノートともに、特別なことを書いていたわけではない。だが、しっかりとした計画や日々の取り組みを文字で残すことを継続していくと、後から振り返って練習の効果を検証したり、さらに内容を改善したりしていくうえで大きな意味があった。

中部工にいた時、職員室の隣の席にいたソフトボール部の顧問が、僕の練習ノートに興味を持ち、真似し始めたことがある。すると、目に見えて大会で優勝する回数も増えていった。バスケに限らず、どんな競技でも有効なものだと思う。

ノートは、選手にも書くことを勧めていた。その日の練習や試合で自分が達成できたことや見えた課題を書く。

特に、反省や課題を毎日書くと、選手は改善するために「早く次の練習がしたい」と思うようになる。僕が新しい戦術を知って、「早く練習で選手に教えたい」と思う時と同様に、選手もワクワクしてコートに立てるようになるのだ。自分自身で課題を明確にしているため、日々の練習に対して漫然と取り組むことがなくなるし、成長スピードも早くなる。

その効果を最も体現したのが、北谷時代の教え子・下地一明だった。普段、僕は選手たちのノートをチェックすることはほとんどなかったが、ある時、下地のノートを見る機会があった。見ると、毎日1ページずつ、びっしり課題や感じたことが書かれていた。彼は、僕の歴代の教え子の中で最も身長が高い選手だった。だが、身長だけが取り柄で、高校に進学した頃は走れない、飛べない、打てない、守れないの「ないない尽くし」だった。でも、先にも述べたが、その後に彼は高校2年時から2年連続で世代別日本代表に選ばれるのである。

ノートをつけることで日々自分の課題と真摯に向き合い、改善に取り組む。下地が急激に成長できたのも、地道な努力があったからだ。研究熱心というのはコーチ、選手が成長するうえで本当に重要な要素だと思う。

ノートから透けて見える当時の「葛藤」日々こまめにメモを取ることが大事！

コーチとして、練習ノートを充実させていくためには、日々こまめにメモを取ることが重要だ。気づいたことは、すぐに書かないと忘れてしまう。僕は練習に向かう時に必ず、練習ノートとは別にメモ用の紙も持ち込んでいた。裏紙でもなんでもいい。練習方法や選手の様子などを見て感じたことは、その場でさっと書いておいて、後から練習ノートに記録しておく。朝の出勤中なども、急にいいアイディアを思いつくことがあるから、車にもメモ用紙を置いていた。

夢の中でいい戦略が浮かぶこともある。朝起きて脳内から消える前に、すぐ文字に起こせるよう布団の横にもペンと用紙を用意していた。

ノートに書くことは、当初は練習メニューが主だったが、徐々に練習や試合が終わった後の反省や課題、選手の様子なども記すようになった。変色した昔のノートをめくってみると、自分自身の心の葛藤まで透けて見えるようだ。一部を抜粋する。

《やる気を失った生徒が4名もでてしまった。これまでの練習方法が間違っていたのだろうか。全員同じスタートラインにつき、同様に練習にうちこますことをして、アキのこない練習方法を作成すること》（1978年9月3日、〝辺土名旋風〟の後に選手たちのやる気が減退してしまって）

《6月（インターハイ県予選）には大きなものを取り逃してしまったが、必ずや9月（選抜予選）にはそれにも増して大きなものを得るようにしよう。きっと全国制覇する為の試練を天はさずけてくれているのだ。そのチャンスをのがすことはない。絶対にやってやろう。そして北谷（安里）のバスケットを世界へひろうしてやるのだ。選手と共に明日の世界をつくるのだ》（1993年7月、能代カップで優勝した後の県高校総体決勝で北中城に敗れて）

練習ノートとは言うが、日誌のような側面もある。反省や僕自身の決意も記すことで日々のやる気が維持できるし、文字にすることで思考が促され、コート上での試行錯誤がなくなる。面倒な作業ではあるが、こういう地道な努力がコーチ、そして一人の人間としての成長につながっていくのだと思う。

“練習は腹八分で終わるべし！”選手のやる気を維持する指導法

選手のやる気を維持するために、多くのコーチにとって練習に対する興味をいかに促進するかというのも大きな課題だろう。もちろん、コート上における良い習慣を身につけるには正しいプレー方法を繰り返しやり、体に覚えさせることも必要である。しかし、同じメニューばかりやっていては選手は退屈するし、だんだん手の抜き方も覚えてくる。同様のテーマの練習でも、工夫が必要だと思う。

例えば、1対1のオフェンスで相手を抜くための練習。すぐにドリブルをさせながら、スキルや体の動きを教えるのも一つの方法だが、僕はラグビーを取り入れたことがある。目的は、相手を抜く時に体勢を低くする動きの大切さを理解させるためだった。ラグビーボールを持って相手を抜く時に、上体や下半身が突っ立ったまま抜く選手なんていない。それだとスピードや体のキレが生まれないため、自然とヒザを曲げたり、腰を低くしたりして抜きにいく。僕は、その動きがバスケでも重要であることを理解させたかったのだ。

また、ドリブルで抜く時に大回りすると、ゴールまでの移動距離が長くなり、相手のディフェンスが対応しやすくなるため良くない。ディフェンスとコンタクトする最短距離で抜くのが一番速い。バスケでは、常に体のコンタクトがあるのは当たり前で、その点でいくとラグビーはさらにコンタクトが多いスポーツだ。ラグビーをすることによって、体で当たりながらドリブルで抜く感触を伝えたかった。

ラグビーの他にも、スペーシングの練習をするために選手同士の距離感が大事になるサッカーを体育館でしてみたり、全国トップレベルの高校の女子ハンドボール部とハンドボールの練習試合をしたりしたこともある。

それに、練習は腹八分で終わるのがいい。大学4年時に能代工の加藤廣志先生を訪ねた時に言われたことだが、僕自身、辺土名で教え始めた頃はそれがまったくできなかった。毎日、目一杯練習して選手たちが限界を超えるまで追い込んでいた。

だが、コーチになって10年くらい経った頃だろうか。少しずつ加藤先生の言った意味が分かるようになってきた。練習は、長くやればいいというものではない。選手が疲れ切って、練習が終わるのを待ち望む精神状態になるのは避けたほうがいい。短い時間で集中して取り組み、腹八分くらいで切り上げて、次の練習が待ち遠しくなるような状況をつくり出すことが理想だと思う。

その他にも、中部工の頃は外周が20キロほどある米軍嘉手納基地の周りを一周させた後に、アイスと鍋を用意して選手を迎えたり、バーベキューをしたりして、選手たちが練習を楽しみに感じられ、モチベーションが維持できるようにいろいろ工夫した。

このように、ぜひコーチの皆さんには、プレーをしている時、していない時にかかわらず、いろいろ試行錯誤をしながら選手たちのやる気の維持、興味の促進を後押ししてほしいと思う。

昭和的指導から「プレーヤーズファースト」へ
「問いかけ指導法」と「選手の長所の見つけ方」

日々バスケットボールが進化していく中で、コーチに現状維持はない。常に進化するか、退化するかのどちらかだ。振り返ると、2000年に赴任した中部工の頃から僕の指導法も徐々に変化していった。

辺土名、豊見城南、北谷を見ている頃は、なるべく選手たちに答えを言わずに自分で考えさせるようなコミュニケーションの取り方を意識してはいたが、まだ自分の理論を選手に一方的に説明し、上手くできない選手には「こうやったらいいだろ」とすぐに答えを提示してしまうことが多かった。コート上で怒鳴ったり、平手打ちをしたりすることも日常茶飯事だった。今では考えられない指導だったと思う。

当時の教え方では、自ら考えて行動する人間を育てることはできないし、選手の能力を最大限発揮させることも難しい。さらには、今はインターネットもあり、以前と違って選手たちが自分で多くの情報を得ることができるため、当時のような頭ごなしの指導で選手を納得させることも難しくなった。

当時の反省を踏まえ、教員を定年退職した後に外部コーチを務めたコザ高校では、「プレーヤーズファースト」を心掛けた。

まずは、選手がどうしたいのかを聞き、自主性を尊重しながら、やり方が間違っていれば、その時に初めて正しい方向を示す。初めから言って教えるのではなく、会話をしながらやるべきことを理解させ、自分で納得したうえで練習に取り組むように導くことにした。

そうすることで、選手に問いかけることが増えた。例えば、シュートがいつもショート（短いこと）してしまう選手には、まず「なんでショートすると思う？」と聞いてみる。明確な答えが返ってこなければ、そこで初めて助言を与える。

ショートする原因は、大体が手首と足首を使えていないことにあるから、その使い方を意識させて改善を促す。数本成功したとしても、もちろんこれだけでシュートのクセが直るわけではない。

次に、習慣化するために「これが常に高確率で入るようになるにはどうすればいい？」と聞くと、ほとんどの選手が「練習」と答える。ここまで来れば、選手は自ら自分のやるべきことを理解しているから、練習に対して前向きになる。現状の課題を明確にしたうえで、会話をしながら改善方法を探り、自分から行動して現状を打破する自主性を育てることが必要だ。

僕が北谷を指導していた頃のように、もともと実力のある選手をリクルートするような学校ではなく、個々の能力がそこまで高くはない一般的な公立高校であれば、選手の個性を的確に見抜き、そこを重点的に伸ばしてあげることもチーム力を上げるうえで重要だと思う。

コザ高校では、左利きの新入生でよくシュートが入る選手がいた。練習中に呼んで「中学時代シューターだったの？」と聞くと、「チームで大きいほうだったからセンターでした」と答えた。今度は「スリーポイントシュートはほとんど打ったことないの？」と聞くと、「打ったらコーチに叱られた」と言ってきた。僕はすぐに伝えた。

「君はスリーポイントを打ちなさい。打っていい。むしろ打たなかったらベンチに下げるからね」

半ば脅迫するかのように、彼にはスリーポイントを打たせた。そうしたら、この子がとにかく打ちまくるようになった。どんどん成功率も上がって、スリーポイントラインから少し離れた位置からでも、苦もなく決めるようになった。

九州大会で、彼が要所でシュートを決めて勝ったこともあるし、ずいぶん活躍してくれた。中学時代にセンターをやっていたからといって、そのまま高校生でも続けさせていたら、あの成長はなかったはずだ。

コザは部活動が盛んな学校であるため、平日に体育館を使えるのは週に2日のみだった。一日の時間も1時間半だけで、あとは土日に3時間ずつである。沖縄市泡瀬の公民館にある体育館も、使える時は使わせてもらった。

この頃には、実際の試合における動きを想定し、それを練習の中の動きに取り入れる「ゲームセンス」というオーストラリアで発達したコーチング論も実践していて、より効率的に試合におけるチーム課題を改善することもできていた。

工夫をしながら試行錯誤を重ね、外部コーチに就いてから2年6カ月後にあった県高校総体で優勝することができた。コザとしては実に43年ぶりという快挙で、インターハイも1回戦突破というところまでいくことができた。

僕の指導が変化した大きな要因の一つに、アメリカの大学バスケットボールの伝説的コーチ、ジョン・ウドゥン氏の存在がある。彼は大学卒業後、11年間英語の高校教師を務めた後、ヘッドコーチとして1948年から27年間にわたり、カリフォルニア大学ロサンゼルス校を率い、7連覇を含む10度の全米王者に導いた。カリーム・アヴドゥル・ジャバー選手やビル・ウォルトン選手など、多くのNBAスターを育てた。選手としても、パデュー大学時代に全米の年間最優秀選手に選出され、初めて選手、ヘッドコーチの両部門でアメリカのバスケットボール殿堂入りを果たした偉人である。

僕は豊見城南の頃に、ウドゥン氏の著書を初めて読み、彼の「成功のピラミッド」という哲学を知った。一番下の土台に「勤勉さ」や「熱意」などがあり、その上に「スキル」「卓越した闘争心」などがある。そして、その頂点には「成功」があるというものだ。強く感化され、成功のピラミッドが載っているページをコピーして選手にも配っていた。そのウドゥン氏の著書で、国内では2000年に出版された『ジョン・ウドゥン UCLAバスケットボール』（大修館書店）という本がある。この一冊が、僕の指導を変えるきっかけになった。

この中にあるリーダーシップの方法では、「『やれ！』と言うよりも、『やろう！』と言って先導する」「リーダーは人に従うことも辞さない。自分の方法だけに興味を示さず、最善の方法を見つけだす。リーダーは広い心をもっている」などと書いてある。

その他にも、「やる気を起こさせるのは褒め言葉」「コーチのやるべきことは、プレーヤーができること、やるべきことを自分自身で考えさせることである。決して口出ししてはならない」という記述もあった。正に「プレーヤーズファースト」という考え方が根底にあるのだ。この本を読んで、純粋に「こういうコーチになりたい」と思った。

それから、少しずつ指導が変化したように思う。

ウドゥン氏の成功のピラミッドの一番下に、加藤廣志先生がよく言っていた「愛情」という言葉を付け足し、僕なりの成功のピラミッドをつくった。それを基に行動することで、今は選手を褒めることもだいぶ上手くなったし、笑顔も増えた。もちろん、バスケットボールを教えるうえで叱ることもあるが、頭ごなしに汚い言葉は使わないようになった。

僕のコーチ人生で強く感化されたコーチは、国内では能代工の加藤先生、海外ではウドゥン氏だ。自分の尊敬するコーチの著書を持っておくと、将来の指針を示してくれるバイブルになる。ぜひ、いろいろなコーチの本を読み、自分を高める教材にしてほしい。

最大の仕事は「人として立派にすること」
コーチの評価は教え子の未来が決める

バスケットボールに限らず、スポーツのコーチにとっての最大の仕事は「人間づくり」である。競技においては心技体がいずれも重要だが、技術や体力の前に土台となるしっかりとした精神を育む必要がある。コーチとして、現役時代の選手としての実績も大事ではあるが、それがすべてではない。

最も大切なことは、彼らが社会人となった時にいかに自立した人間となり、社会に貢献できるかである。選手たちと接する「今」を大事にしながらも、さらにその先を見据えた指導を心掛けてほしい。小中学校の過程も大事だが、特に高校は人間の基礎をつくるうえで最後の土台づくりの時期だと思う。高校までに人間性を養うことができれば、大学に行っても、社会人になっても自立した一人の人間としてやっていける。

その代表的なもので言えば、挨拶である。先にも触れたが、僕が大学4年生の頃に能代工の練習を訪ねた際、体育館のドアを開けた瞬間に練習がピタッと止まり、選手たち全員がこちらを向いて挨拶をした。その姿と声に、本当に圧倒された。

普通、知らない人が急にドアから入ってきても、全員が止まって挨拶することなどない。コーチが集合をかけて紹介し、その時に初めて挨拶するくらいのものだ。それを選手たちが誰に言われるでもなく、それぞれが自主的にやったのだ。礼儀や整理整頓というのは強いチームほど徹底している。それはいつの時代も変わらない。自立心や素直さというのは、コート上のパフォーマンスに表れるからだ。

これは決して子どもたちの責任ではない。コーチが、しっかりと教えないといけないものだ。僕は、選手たちに「体育館での練習を見に来る人に敵はいない」と伝え、必ず自分たちに好影響をもたらしてくれる存在だと教えた。見てくれているだけでも自分たちの気が引き締まり、練習に力が入るし、何か差し入れをしてくれるかもしれない。だから、心からちゃんと挨拶をするよう指導した。

外部からコーチが来た時も、教えてくださいという気持ちを込めて挨拶をするのと、態度が悪かったり、声が小さかったりするのでは受け止められ方が全然違う。明るく、ハキハキと挨拶をすれば、もともと10のうち5だけ教えようとしていた人が、6、7、8、もしかしたら10全部を教えてくれるかもしれない。

挨拶というのは、相手とのコミュニケーションの一つである。それをやることによって、相手がどう感じて自分にどんな影響があるのか、やる意味を理解させることが重要だ。これはバスケの技術を伝える過程と同じである。納得させるためにも、しっかり説明をしてほしい。大会が終わった後には、運営に尽力してくれた大会本部の方たちに感謝の気持ちを伝えることも徹底していた。

北谷時代には、県外の大会に招待されることも多く、関西遠征に行った時には運営者の方から「他校には北谷高校を見習いなさいということを言っています」と伝えられた。うちなーんちゅ（沖縄の人）は、時間感覚も含めてテーゲー（いい加減）なイメージを持たれている。でも、それはやり方が分からないだけ。やる意味さえちゃんと理解させられれば、習慣化できる。当然ではあるが、指導するうえでコーチ自身の礼儀ができていないと話にならないし、説得力もない。子どもたちに「やれ」と言うばかりで、自分はまともに挨拶すらできないようなコーチもいる。

僕は常に、生徒よりも先に挨拶をするくらいの気持ちを持っていた。大事なのは挨拶に限らない。大会期間中であれば、先生たちはみんな土日であっても運営をしないといけない。互いを労い、終了後にはよく打ち上げをする。準決勝や決勝など日程の最後まで残ったチームのコーチこそ参加をして、運営してくれた先生たちにしっかりとお礼を言うべきだ。そうした日々の習慣が、生徒たちとのやり取りにも必ず表れてくる。まずは、コーチが自立した人間としての姿勢を示してほしい。

コーチの評価というのは、教え子たちが社会に出た後に決まる。ずっとそう思って指導をしてきた。僕の教え子たちは先生になったり、企業に務めたり、公務員になったり、農家になったり、自分で事業を興したり、それぞれがいろんな業界で頑張っている。北谷時代の教え子である渡久地政志は北谷町長となり、源古隆は国体バスケットボール沖縄少年男子の監督を務めた。美来工科の教え子の新里龍武は、沖縄県内では面積当たりの生産量がトップクラスのトマト農家だ。

先日、沖縄県警の機動隊にいる教え子と会った時、「機動隊は日々の体力づくりも厳しいから大変だろ?」と聞いたら、「いや、先生、高校の頃に比べたら全然大丈夫です」と言われた。国家公務員として多忙な日々を送っている教え子にも、「高校の時に比べたら……」と同じようなことを言われた。僕の指導が相当厳しかったということなのだろうか。いずれにしろ、当時の経験が、彼らにとって今を生きるうえでの糧になってくれているのであれば、これほど嬉しいことはない。

僕自身は、約45年にわたってバスケットボールの指導をしてきたが、コーチとしても、人間としてもまだまだ欠点だらけ。もっと成長できると思っているし、その自信がある。現状に満足してしまったら、人間はその瞬間から退化するしかない。そんな人生は送りたくない。自分自身を磨きながら、これからも若いコーチ、そして選手の育成に関わっていきたいと思う。

中部工業高校時代の教え子
元・琉球ゴールデンキングス選手

友利健哉

「先生の下でバスケをしていなければ、プロ選手にはなれていません」

宮古島の近く、伊良部島出身の僕は、安里先生が北谷高校の監督をしていた頃は中学生でした。2つ上の姉とお小遣いを出し合って、ウインターカップの北谷対能代工業などのビデオを買い、テープが擦り切れるまで繰り返し見ていました。「全国に行きたい」という思いから、沖縄本島の高校に進学することに決め、中学3年の夏休みに強豪校の練習を見学して回りました。すると、北谷で衝撃が待っていました。

練習中の体育館に入ると、すぐに選手とマネージャーがスリッパとイスを持ってきてくれたんです。どこの誰かも分からない中学生にです。しかもその選手は、次の代でキャプテンを務めるエースガードの湧川司さんでした。もう一つ「しかも」だったのは、安里先生は全日本ジュニアのスタッフとして国際大会に行っていて、その日は不在だったんです。先生がいなくても、気づいた人が率先してこうした対応をできることにとても驚き、ここなら人間的にも成長できると思って北谷に行くことを決めました。

しかし、翌日に先生に会うと、来年度は北谷から異動になると言われました。異動先の第一希望は中部工業だと。当然、その時点で転任先は確定してなかったのですが、僕は迷わず中部工業に進学することにしました。進学後、先生には「お前本当に来たのか。ギャンブルだな」と驚かれましたね（笑）。

実際に練習が始まると、バスケが嫌いとかではなく、バスケをすること自体が怖くなりました。理由は、何をやっても叱られるから。ある時、練習中に先輩へドンピシャなタイミングでパスを送った時に、その先輩がキャッチできずにボールをこぼしたんです。案の定プレーが止められて「うわ、これ先輩わじられる（叱られる）やさ」と思ったら、先生がすごい剣幕で僕のところに来て「味方が取りやすいパスを出すのが、ポイントガードの仕事だろうが！」と言って、僕をめちゃくちゃ叱ったんです。先生は、ゲームをコントロールするポイントガードには特に厳しいけど、その時は納得がいかなかった。

入部から数カ月後に先生に「どうしたら上手くなれるんでしょうか？」と質問したんです。そしたら返答は「お前に構っている暇はない。あっち行け」と。入部した頃は「何でも聞きに来い」って言っていたのに……。めちゃくちゃ悔しくて、体育館の玄関で隠れて泣きました。涙を拭きながら、決意したんです。「絶対この人に『お前が必要だ』って言わせてやる」と。

自分が先生のレベルに達するために、まずは先生が言ったことをすべて聞き入れてやってみました。味方がキャッチできなければ、自分のパスが悪い。「地に足が着くし、バスケに向き合う時間ができるから、米軍嘉手納基地の周りを走ってこい」と言われれば、練習後でもカバンを校庭の草むらに隠して、約20キロもあるコースを一人でも走りに行きました。

遂に「その時」が来たのは、僕が2年生の時の県高校新人大会。大会が始まった後にケガをしてしまったのですが、ある日先生に呼ばれて「ベスト8までは休ませる。決勝リーグに入ったらお前が必要だから、そこから出ろ」と言われたんです。「来た！」と思いましたね。

この大会では、優勝候補の北中城を倒して優勝できました。その頃から叱られることも減り、自分の代ではキャプテンを任せてもらいました。少しは認めてもらえたのかなと思います。僕はもともと教員を目指していたので、先生の下でバスケをしていなければ、絶対にプロ選手になれていません。先生が特に厳しく指導していた挨拶や礼儀、報連相の大事さも含め、一人の人間として大きく成長させてもらいました。

先生はとにかく準備を徹底していました。3年生の時の県高校総体では、4校で行う決勝リーグの前に会場の沖縄県総合運動公園体育館で練習を行い、緻密なスカウティングを基に相手を想定した実践形式の練習をした後、優勝した瞬間を想像しながらみんなで大喜びし、賞状を受け取り、体育館の外で父兄と喜び、集合写真を撮る、という1日の流れをすべて実際にやったんです。すると、本番で完璧にその通りに進んでいきました。デジャブのようで、あれには心底ビックリしました。

ウインターカップの1回戦の前には、大会パンフレットにある相手チームの集合写真と名前が載ったページをちょっとずつ切って、「おい、こいつら食べ尽くすぞ」と言い、みんなに食べさせたんです。「マジかよ……」とも思いましたけど、単純に面白いから、みんな「よっしゃ行くぞ！」とテンションが上がって（笑）。選手を乗せるのが上手い人でしたね。

僕は現役引退後すぐに、女子Wリーグのチームのアシスタントコーチに就き、指導者としての道を歩み始めました。先生に言われ、高校の頃からずっと書き続けているバスケノートは、現役時代に比べて2倍の早さで消費するようになりました。まだまだコーチとしては新米ですが、先生のように広い視野を持って、いろんな分野からいい物を取り入れ、選手がワクワクして体育館に足を運べるような状態をつくれるコーチになりたいです。

第5章 バスケ界へのエール

2014年4月に行われた北谷高校の教え子による安里の定年退職祝い

留学生がいるから勝てないは言い訳！
「小よく大を制す」と「能力向上のメリット」

北谷高校が『SLAM DUNK』の作者・井上雄彦さんから取材を受けるほど、全国で戦えていた1990年代も今は昔――。近年、沖縄の学校は全国の舞台で初戦敗退が多く、なかなか好成績を残すことができていない。たまに勝ったとしても、相手は強豪とは言えないチームであることが多い。まるで、弱小県と見なされていた本土復帰直後の50年前に戻ってしまったようだ。

その要因の一つには、留学生の存在が挙げられるだろう。僕が中部工業高校を率い始めた2000年代頃だっただろうか。アフリカなどから、スポーツ留学を受け入れる学校が増え始めたのである。

身長が優に2メートルを超える留学生たちは、身体能力が高い選手が多く、リバウンドで絶対的な存在感がある。「リバウンドを制するものはゲームを制する」という格言があるように、これほど相手にとって脅威なことはない。

ディフェンスでは常にシュートブロックを狙えるし、オフェンスでは、ゴール下でポジション取りさえできれば、そこにボールを放り込むだけで簡単にスコアができる。もともと身長が小さい沖縄のチームにとって、全国で戦ううえでの厳しさが増したことに違いなかった。

ただ、僕はまったく悲観しなかった。むしろ、サイズの大きな留学生が増え始めた時、留学生がいるチームと対戦することを毎回楽しみにしていたのである。どれだけ相手が大きくても打つ手はあるし、そういうチームを倒すために、いろいろな策を考える。小よく大を制す。辺土名高校でバスケットコーチを始めた時から、全国に挑む時は常にそういう状況だった。そして何よりも、強い相手に勝つために知識を増やしたり、工夫したりすることが楽しかった。

北谷を率いていた時には、私立の強豪校である興南高校に、中国から高さのある選手2人が加入したことがあった。その時も「よっしゃ」と喜んだ。なぜなら、沖縄にいながらにして、全国の強豪校を想定した長身対策ができるためだ。

事前に対策ができたおかげで、その頃の興南にはほとんど負けることはなかった。さらには、沖縄で高さ対策ができたため、全国に行ってからもサイズのある高校に対して選手たちが物怖じしなくなった。

留学生が日本の高校でプレーすることは、日本バスケ界全体のレベルの底上げにつながると考えている。留学生との対戦が増え、高校時代から日本のビッグマンが外国人相手に点を取ったり、体を張ったりすることができれば、大学やプロバスケットリーグであるBリーグに行っても活躍できる可能性が高まるはずだからだ。

日本が国際試合で戦う際、インサイドは常に弱点になってしまう。身長が高く、身体能力に優れた彼らとやり合い、どうやって倒すかを考えることで、日本のパワーフォワードやセンターは伸びるチャンスがある。

公立高校を率いていた僕は、スポーツ留学の選手を獲得できるような環境にはなかった。だが、もしそういう立場にいれば、間違いなく獲得していたと思う。スピードと高さのある留学生たちをチームに加え、よりスケールの大きなスタイルを目指していたことだろう。

Bリーグも、今はピック・アンド・ロールからオフェンスを始めるチームが多い。ビッグマンとの連係プレーは、ボールをコントロールするハンドラーに強く求められる能力である。そのため、留学生と一緒にプレーすることは、日本人のガードやフォワードにとってもいい経験になる。

もし僕が留学生のいるチームを率いていたら、走れて、スリーポイントシュートも打てる、留学生だけに頼らないチームづくりをしていただろう。

〝いかに外に引き出せるか〟がポイント！ 留学生選手を倒すための「安里流秘策」

では、沖縄のような小さいチームが、留学生を擁する強豪校にどうすれば勝てるのか。オフェンスでいえば、留学生を「いかに外に引き出せるか」が最大のポイントになる。

例えば、ピック・アンド・ロールを使って、留学生とマッチアップする選手がスクリナーとなり、ズレをつくる。ボールマンが、スリーポイントを高確率で入れられることが前提になるが、留学生がカバーに来たところでスピードのミスマッチを突いたり、その瞬間にインサイドの選手に合わせたりして得点を奪う。外のシュートをチェックしに来れば、インサイドにおける相手の高さの優位性も薄れるため、リバウンドでも競い合えるようになる。

ディフェンスでは、コートに立っている相手全員に、高い得点能力があることはほとんどないため、事前のスカウティングで得点能力の低い選手を割り出しておく。そして、その選手にマッチアップする選手は、留学生にパスが行く際にインターセプトを狙ったり、留学生にダブルチームを仕掛けたりする。ペイントエリアの外で打たれるのは仕方ないが、ゴール下では打たせない。そうすれば、留学生の得点を大幅に抑えることができる。

前原高校を率いていた2013年、これらの戦略を用い、留学生がいる宮崎県・延岡学園高校と好勝負を演じたことがある。延岡学園は、前年までウインターカップで2連覇を果たし、最盛期を迎えていた。僕たちは187センチの選手が一番大きく、次が181センチ、あとは160～170センチ台という小柄なチームだった。2月にあった全九州大会では、64対70で敗れたものの、対等に渡り合うことができた。

僕自身は15年ぶりの参戦となった同年5月の能代カップでは、NBAで活躍中の八村塁選手とも対戦した。八村選手擁する宮城県・仙台大学附属明成高校はさすがに強く、61対92と大差で敗戦。結局、明成は1位になった。だが、2位の延岡学園には

62対74で、またも善戦することができた。

普通の公立高校であっても、戦い方を工夫してしっかり準備をすれば、全国から選手を集め、スポーツ留学を受け入れている全国トップクラスの私立高校を相手にしても、対等に戦うことができるのだ。

沖縄全体のレベル底上げのために「おきなわカップ」設立
能代工・洛南・明成・福岡第一…名だたる強豪が参加！

沖縄のチームが全国の強豪と渡り合うためには、以前から一つの課題があった。離島県であるがゆえに、他県のチームと試合をする機会が少ないことだ。県大会で勝ち上がり、九州大会や全国大会に出場できる学校は経験を積めるが、それ以外のチームは全国レベルのチームと対戦したり、プレーを目の当たりにしたりする機会がほとんどない。今でこそ、インターネットが発達して他県の試合や全国大会を見やすくはなったが、以前は難しかった。このままでは、いつまで経っても沖縄全体のレベルアップにはつながらない。そう感じて発案したのが、他県から強豪校を呼んで開催する「おきなわカップ」だった。

北谷を率いていた頃、何度も参加させていただいた能代カップは、〝第4の全国大会〟と言われるほどレベルが高かった。チームが全国で戦うために必要な技術や戦術を把握するうえで、とても大きな経験ができたし、当時から「いつか沖縄でも能代カップのような大会を開きたい」とずっと考えていた。

おきなわカップ創設に向けて動き出した頃は、中部工を率いていた。だが、一つのチームの監督であるからといって、自分のところさえ良ければいいという話ではない。沖縄の小学生、中学生、高校生にとって有益なものでなければならない。全国トップレベルを見て刺激を受ければ、沖縄全体のレベルが向上するはずだと考えていた。

もちろん、「やりたい」と言ってすぐに開催できるものでもなかった。多くの人の力がいる。そこで、まずは当時、沖縄県バスケットボール協会の理事長をしていた比嘉良丞先生に相談しに行った。中部工が沖縄市に立地していたこともあり、「沖縄市でこういう大会を開催したいのですが、いいですか?」と聞いたら、「いいよいいよ」とすぐに快諾してくれた。話を持ち掛けた地元のテレビ局も前向きだった。

ただし、さらなる問題もあった。チームを呼ぶための旅費を計算してみたら、当然選手一人一人の飛行機代と宿泊代がかかるため、かなりの高額になってしまったのだ。その時点で、「できるはずがない」という後ろ向きな空気が流れた。ところが、僕には開催できる確信があった。

その理由は、当時能代工の指揮を執っていた加藤三彦先生との約束にあった。先述の通り、1993年に北谷を率いて能代カップに出場した際、本番前に開かれる歓迎試合で北谷が能代を破ったことがあった。その時、大会前の歓迎会で、加藤先生がこう言ったのだ。

「本戦はちゃんと北谷高校に勝ちます。もし負けたら、沖縄に遠征に行きます」

結果、本戦でも北谷が勝った。

1997年には、加藤先生から「能代カップに出てくれないか」と打診を受けたこともある。当初は、「調整するから待って」と伝えたのだが、翌日にはまだ正式な返答をしていないにもかかわらず、「もう新聞発表しました」と連絡があった。仕方ないから、その場で「分かった。行くよ」と承諾した。

このように、僕と加藤先生の間には約束も貸しもあったため、いつか沖縄に来てもらうつもりだった。幸いにも、おきなわカップへの出場について連絡してみると、ふたつ返事で「はい、行きます」と了承してくれた。

開催に向けて、打診したチームはもう一つある。京都府の強豪・洛南高校だ。当時監督だった作本信夫雄氏は僕の中京大学の先輩で、同じ全日本ジュニアチームのコーチングスタッフだったこともあり、目を掛けてもらっていた。

東京で代表合宿をしていた時のこと。夜にお酒を飲みに行く機会があり、「いつか沖縄で能代カップのような大会を開きたいので、その時はぜひ洛南高校も参加してください」とお願いしたら、「安里、お前がやるんだったら喜んで行くよ」と言ってくれた。その時のことを思い出し、改めておきなわカップへの出場をお願いすると、快く引き受けてくれた。

そうして、この2校が参加してくれることになった。宿泊代のみを沖縄側で負担する形となり、開催への道筋が見えてきた。

初めて、おきなわカップが開かれた2002年のインターハイは、能代工が準優勝で洛南が3位。冬のウインターカップは、洛南が優勝して能代工が3位だった。今考えても、すごいレベルの2校が第1回大会から参加してくれたと思う。関係者も驚いていたし、そのおかげで沖縄市も市内での開催を認めてくれた。

大会名は「沖縄市長杯おきなわカップ」になった。第1回が開かれたのは、2002年3月30日と31日の2日間。県外からは、能代工と洛南、県内からは中部工、前原、沖縄の高校混成チーム、米軍基地内のクバサキハイスクールが出場した。

能代工の知名度の高さはもちろんのこと、洛南には後に日本代表の中心選手となるビッグマンの竹内公輔選手、竹内譲次選手の双子兄弟がいたこともあり、初日の早朝から会場の沖縄県総合運動公園体育館には長蛇の列ができた。会場は約2500人の観客で超満員となり、すごい熱気だった。

大会は能代工が優勝し、洛南が2位、中部工が3位だった。結果以上に得るものは大きく、当時中部工で主将を務め、大会の選手宣誓をした友利健哉はメディアの取材に「能代工業は、練習も常に試合をイメージしてやっていた。そこを見習い、また挑戦したいです」と語っていた。

彼はその後、専修大学に進み、琉球ゴールデンキングスでプロデビューした後、長らく一線でプレーし続けた。おきなわカップが全国に目を向けるうえで、一つのいい経験になっていたら嬉しい。

能代工の加藤先生も「貴重な体験ができた。沖縄には前々から遠征をしたかったが、この暑さの中で試合や練習ができるのはいい。次回大会もぜひ参加したい」と話してくれていたそうだ。実際、能代工は翌年の第2回にも出場し、大会を盛り上げてくれた。その後も福岡第一高校、福岡大学附属大濠高校、開志国際高校など、名だたる強豪校が参戦し、現在NBAで活躍している八村塁選手も明成時代におきなわカップでプレーした。

直近では、2023年3月に行われ、沖縄からは沖縄市代表のコザ高校と沖縄県代表の美来工科高校（旧・中部工業高校）、県外からは福岡第一、金沢高校、Bリーグユースチームのサンロッカーズ渋谷U18、台湾の南山高級中學が出場した。開催は、これまでに19回を数える。継続してくれている沖縄市や県内のバスケ関係者の情熱には本当に頭が下がる思いだ。

ただ、近年においては懸念材料もあった。おきなわカップを立ち上げた当初は、まだ沖縄の高校も全国トップクラスとある程度戦えていたが、僕が高校教員を定年退職した頃は沖縄市代表のチームがトリプルスコア（3倍の得点差）で負けるような試合も増えていた。

沖縄側のレベルの低下も憂いたし、これでは県外から来てくれるチームにとっても出場する意義が薄れてしまうのではないか、と危惧した。自分で立ち上げた大会ということもあり、どこかで責任を感じたのかもしれない。「沖縄市のチームをまた強くしたい」という強い気持ちが芽生え、教員を定年退職した後の2016年に、自分で志願してコザの外部コーチに就かせてもらった。

当初コザ高校は、中北部地区2部に位置する弱小チームだった。それでも積み上げてきた指導方法や、プレーヤーズファーストという僕がコーチとして培ってきた部分を生かし、就任から2年6カ月でなんとか県大会で優勝するまでに成長させることができた。おきなわカップでも、全国の強豪に対して食らいつけるレベルまで持っていき、なんとか自分の役割を果たすことはできたと思う。

立ち上げた張本人として、おきなわカップが今も毎年続いていることは本当に嬉しい。一方で、当初の設立意図とは違う要素が生まれてきたことも事実だ。

沖縄の選手たちが全国レベルを体感し、それを原動力に沖縄のチームを強くしていく未来を描いていたが、全国の強豪を目の当たりにすることでそのチームに憧れ、県外の学校に進学する選手が増えたのだ。

県外の強豪校が来県した際に、沖縄の有望な選手を勧誘する機会にもなっていると聞く。もちろん、選手個人の進路の幅が広がるのはいいことだ。より高いレベルでプレーしたいというのは選手にとって当たり前の心理だろう。

それでも、おきなわカップで来県する強豪校を見て「このチームを倒したい」という思いを持つ選手が多く出てきてほしいという思いに変わりはない。そういう強い意志は、沖縄にいても必ず自身の成長の糧になるはずだ。これからも、おきなわカップが沖縄の選手を成長させ、チームを強くする場であり続けることを願っている。

〝情熱と勤勉さが足りない！〟コーチたちの「課題」と「勝利への提言」

全国に比べ、沖縄はバスケ熱が高い地域だと思う。ミニバスケットボールや中学生カテゴリーが盛んで、いい選手が継続して育つ土壌がある。2019年度のデータによると、県内小学校におけるミニバスチームの普及率は63・1%と、全国で1位だったそうだ。幼少期からバスケに取り組んでいるため、個々のスキルも高い。

ただ、大きな問題もある。選手人口が多い一方で、沖縄の指導者たちは全国を見据えたチームづくりをやり切れていないように感じる。そのせいか分からないが、今の沖縄のチームは、力のある選手にとってはなかなか魅力的に見えていないのだろう。近年、うちなーんちゅが県外の学校に進学するケースが増えているように思う。

将来、BリーグやNBAを目指すと公言する子たちが、「全国大会で活躍したい」「日本一になりたい」という大志を抱き、沖縄を出る。そして、県外の高校の主力として全国制覇を成し遂げている。この事実をもっと真摯に受け止め、考える必要があるのではないか。もちろん、沖縄の指導者も努力はしていると思う。だが、全国で勝つためにどうしたらいいのか、ということが明確になっていないと感じる。

例えば、ハンドリング技術の高い選手が1対1を仕掛けて、タフショットを打つ場面が多すぎる。大きな選手が少ない県内での試合であれば、それで得点が取れるかもしれない。だが、全国の強豪が相手だと、インサイドで留学生が待ち構えていて、ブロックを食らってしまうのがオチだ。そこから外の選手にキックアウトしたり、飛び込んだ選手に合わせたりするなど、戦略面をもっと練る必要がある。

ディフェンスでいえば、ハーフコートで積極的にダブルチームを仕掛けるなど、さらなる工夫が必要だと感じる。高さの不利を補うために、フロントコートからしっかり当たり、プレッシャーを強めて攻撃に時間を掛けさせることに異論はない。しかし、ハンドリング技術の高い選手にドリブルで突破されたり、頭上へのパスで留学生に中継されたりする中、ボールを奪うのは容易ではない。

近年、オフェンスにおいて5人全員がアウトサイドで構える「5アウト」の戦術を採用するチームが増えている。これは、小柄でスキルの高い選手が多い沖縄のチームには適していると思う。選手全員がドライブやパス、スリーポイントを打てる技術があることを前提とする戦術だが、相手のビッグマンを外に引き出す効果もある。

ただし、5人が外でボールを回しているだけでは威力を発揮しない。それぞれがシュートを狙う意識を持って、しっかりチームとして機能させることが大事なのだ。上手くいけば、全国の強豪をきりきり舞いにすることもできると思う。

また、特に今の指導者たちに伝えたいのは、「情熱」や「勤勉さ」をもっと持ってほしいということ。「知らずば人に問え」というモットーがあるように、もっと先輩たちからいろいろなノウハウを吸収しようと意識してほしい。僕は大学生の頃に、能代工の加藤廣志先生に会いに行って親交を深めるだけでなく、能代カップへの参戦を自ら懇願して出場し、全国の強豪を率いる監督たちから多くを学んできたつもりだ。

辺土名でインターハイ3位に入った頃には、その前の1974年に、沖縄市の山内中学校を全国準優勝に導いた新里勲先生を訪ねたこともあった。本当に若い頃は、先輩方から多くのことを勉強させていただいたと思う。

その後、先輩方から学んだ経験を自分なりの理論に落とし込み、北谷時代には北中城高校を率いる新里先生とライバル関係になることができた。毎年優勝争いを繰り広げる間柄だったため、先生との交流はなくなってしまったが、負けたくない相手がいるからこそ、お互いに頑張れたと思う。沖縄バスケ界のレベルアップを図るうえでも、とてもいい関係性だった。

もちろん、若いコーチたちには僕のようになれとは言わない。僕が偉いわけでも、やってきたことがすべて正しいわけでもないからだ。だが、子どもたちを指導し成長を促す者として、もっと学ぶことに貪欲になってほしい。

僕は今、コーチ向けにバスケ塾を開くなど、定年退職して以降も指導に携わっている。2023年の秋までは、沖縄県うるま市にあるU15カテゴリーの『Crazy Genius』というクラブチームも指導していた。そして、僕はインターハイと国体を合わせ、監督、コーチとして全国ベスト8以上に11回入り、積み重ねてきた指導のノウハウは今のコーチたちにも参考になると自負している。

だが、残念ながら僕のところに自ら志願して教わりにくるコーチは少ない。いろいろなコーチのノウハウを聞き、自分が表現したいバスケや教えている選手たちの個性を見ながら、自己流にアレンジしてより良いものを追求していく姿勢が大切だと思う。沖縄の指導者のレベルアップを心から願っているため、いつでも訪ねてきてほしい。

コーチが変われば、チームが変わる。僕が北谷を率いていた頃は、「北谷でバスケがしたい」という強い意志を持って県外から入学してくる生徒もいた。情熱と勤勉さを持ち、再び全国で強豪と言われるようなチームがつくれるように、自己研鑽に励んでほしい。

プロチーム『琉球ゴールデンキングス』が誕生！「安里の奮闘劇」と「市民たちの感動秘話」

2000年代、高校生カテゴリーにおける沖縄の存在感が薄まってしまった一方で、沖縄バスケ界を変える大きな転機が訪れた。プロバスケットボールチーム『琉球ゴールデンキングス』（以下＝キングス）の誕生である。これにより、日本のバスケットボール界における沖縄の位置づけは著しく高まることになる。

２００７年にｂｊリーグに参入したキングスは、２シーズン目となる２００８〜09年シーズンに早くも初優勝。その後、爆発的に県民の人気を得ると、ｂｊリーグで計4度の優勝を経験し、２０２２〜23シーズンにはＢリーグでも初優勝を飾った。今では沖縄の子どもたちに夢と希望を与え、沖縄バスケの発展を支える存在になっている。

振り返ると、沖縄にプロチームをつくると聞いた時は、「まさかやー」という思いで、はじめは信じられなかった。キングスの初代代表取締役社長を務めた木村達郎さんらが、チームを発足しようと奮闘していた姿を思うと、うちなーんちゅだけで実現できるようなスケールの話ではなかったと思う。

県外出身の木村さんたちが沖縄を選んだ理由の一つには、バスケ人気の高さもあったそうだ。北谷高校と北中城高校が全国トップレベルの力で競い合っていた１９９０年代以降、沖縄のバスケの大会はどこも観客であふれかえっていた。僕らコーチは、「ライバルに負けたくない」「全国で勝ちたい」という一心で、無我夢中でバスケに没頭していただけであったが、その熱意が選手に伝染し、彼らのプレーが県民の心をつかんでいったのだろう。そうして生まれた熱気が、キングスが立ち上がる原動力の一つになった。バスケに長年携わってきた身として、嬉しい限りである。

キングスについては、僕も発足当初からいろいろ協力した。まだチームが誕生する前、コザ高校でバスケ関係者による親睦試合があった日のことだ。終了後に学校の向かいにある居酒屋で懇親会をしていたら、キングスを運営する沖縄バスケットボール株式会社の取締役をされていた安永淳一さん（現・ゼネラルマネージャー）が顔を見せた。すると、「沖縄にプロチームを作りたいので、皆さん協力をよろしくお願いします」と丁寧に挨拶をしてくれたのだ。他県の人たちが沖縄のバスケを盛り上げようとしていることに感動した僕は、その場で「僕にできることなら、何でも協力します」と約束した。

今でこそ、キングスはホームコートの沖縄アリーナでホーム戦を行っているが、発足当初は沖縄県内各地で試合をしていた。僕に本島北部の名護市で試合をやるから、盛り上げることに協力してほしいと相談があった時は、すぐに名護でコーチをやっているメンバーを60人ほど集めた。そして、安永さんと担当の方に来てもらい、挨拶と説明をしてもらった。

協力してくれるコーチたちにも何かを還元したかったため、キングスにお願いをして、当時のヘッドコーチをしていた桶谷大さん（2021年にキングスHCに再就任）に指導者講習会を開いてもらった。名護のコーチたちにとって、それは願ってもないことだった。皆で協力した結果、名護市にある21世紀の森体育館で行われたbjリーグの公式戦は、多くの観客が詰め掛けて大盛況となった。

僕自身、やんばるの大宜味村の出身で、辺土名を率いていた頃には北部のコーチの方たちには大変お世話になった。そのため、名護でキングスの試合が盛り上がったことはとても嬉しかった。安永さんたちを紹介した時、泊まりがけで名護に足を運んだ甲斐があったというものだ。

うるま市で初めてキングスの試合が行われた時も、できる限り協力した。会場は、1981年にボクシング界のレジェンドである具志堅用高さんが、初めて地元・沖縄で防衛戦を行った歴史のある具志川総合体育館だった。

その時も、市内の指導者らを集めて「名護市で開催できたんだから、うるま市でもできる」と訴え、一緒に準備に取り組んだ。当時のうるま市の皆さんの協力は、すごかった。キングスの試合を支援するために、市のバスケットボール協会を設立して、会場が埋まるほどの観客を集めていた。当日の会場運営でも、駐車場の隅から隅まで人を配置する熱の入れようだった。

試合が終わった後、うるま市のバスケ関係者がよく集まる『田舎』という居酒屋で打ち上げをしていると、顔を出した木村さんと安永さんが涙を流しながらお礼を述べていた。それだけ、市民の協力的な姿を見て、感極まるものがあったのだろう。

その他にも、僕は那覇市で試合をした時に集客に協力したり、試合の冠スポンサーになる企業を紹介したりもした。どんな小さなことでも、約束したことは絶対に守る。はじめに「何でも協力する」と言った以上、僕にできることはすべてやってきた。

そうして、キングスが活躍するようになってからは、子どもたちの目線が彼らに行き、沖縄のバスケ人気もさらに高まった。身近にプロチームができたことで、「自分も将来プロになりたい」と考える選手も増えたように思う。

中部工の教え子では友利健哉、並里祐、喜久山貴一、新城真司、前原高校では鈴木龍雄がプロになった。実業団の頃はチーム数が極めて少なく、トップリーグでプレーできるのは本当に一部の選手に限られていた。だが、bjリーグができ、後に国内統一のプロリーグであるBリーグが誕生したことで、チーム数が増え、プロ選手になることへの門戸が広がった。

子どもたちにとって、目標を身近に感じられるようになったメリットは大きい。日々の練習に対するモチベーションが上がり、いい効果を生んでいるように感じる。プロで飯を食っていくという覚悟があれば、挑戦する価値はある。それだけ何かに熱中して取り組んだ経験は、たとえ夢が実現できなかったとしても、その後の彼らの人生にとって大きな力になるだろう。

「ワールドカップ」沖縄開催で熱狂！子どもたちに真似てほしい「海外選手の姿勢」

2023年夏には、沖縄バスケットボール界にとって奇跡のような出来事があった。沖縄アリーナでの「FIBA男子ワールドカップ」の開催である。フィリピン・マニラ、インドネシア・ジャカルタを含めた初の複数国開催で、沖縄では予選ラウンドのグループEとグループFの試合が行われた。

開催国の日本以外に、ドイツ、オーストラリア、フィンランド、スロベニア、ベネズエラ、ジョージア、カーボベルデの代表チームが来県し、NBA選手を含めた世界トップクラスのプレーを間近で見ることができた。僕も会場で3試合を観戦したが、あのレベルを沖縄の子どもたちが見られたことは、大きな刺激になったのではないだろうか。

沖縄でワールドカップを開催できたのは、2021年に完成した沖縄アリーナの存在があってこそだ。非日常的な空間で、ファンの一体感が生まれるアリーナである。あれほど恵まれた場所でプレーするからには、ホームコートにしているキングスの選手たちも絶対にいい加減なプレーはできない。だからこそ、相乗効果でキングスの試合は毎回すごい熱気が生まれているのだと思う。

僕はこれまで全47都道府県の会場で試合をしてきた。全日本ジュニアチームのコーチをしていた1994年、ロサンゼルス遠征をした時には、大学バスケNCAAの名門・UCLA大学対オレゴン大学の試合を現地のアリーナで観戦したこともある。

正直に言えば、確かに広さではNBAのあるアメリカのアリーナに劣ってしまう。だが、試合の見やすさや会場の雰囲気という意味では、僕がこれまで見た中では沖縄アリーナがナンバーワンだと強く思う。中学校や高校の県大会決勝が沖縄アリーナで開かれ、子どもたちが「沖縄アリーナでプレーしたい」と思う夢の舞台になっている。つくった方々には本当に感謝したい。

ワールドカップの話に戻すと、僕が観戦した試合で強く感心したことがあった。NBAのスーパースター、ルカ・ドンチッチ選手を擁するスロベニアの試合前のウォーミングアップである。当時FIBAの世界ランキング7位だったスロベニアは、コートの半分を使い、練習を行っていた。そこで驚いたのが、選手全員がランの練習できっちりと端から端まで走り、ストレッチも入念に行っていたこと。とにかく一生懸命で手抜きをしている選手がいなかった。

残念ながらBリーグでは、たまにダラダラしたり、ヘラヘラしたりしながら手を抜いてウォーミングアップをする選手を見かけることがある。あれが本当に許せない。トップ選手は子どもたちが憧れの目で見ていることを常に自覚すべきだと思う。

その点、スロベニアの代表選手たちのウォーミングアップに対する姿勢は、とても見本になるものだった。参考になると考え、動画に撮ったほどだ。その動画は、当時教えていたU15チームの子どもたちに「世界のトップクラスの選手でも、こうやってしっかりと試合前のウォーミングアップをするんだよ」と見せた。ぜひとも、子どもたちだけでなく、日本のプロ選手たちも見習ってほしい。

世界につながる〝沖縄の夜明け〟
日本代表の「感動」と「確かな課題」

日本代表選手たちの活躍は、何よりも素晴らしかった。特に2試合目のフィンランド戦、最大18点差を付けられながら第4クオーターに逆転しての勝利は、感極まる内容だった。僕だけでなく、この試合に歓喜した国民は多かったはずだ。ガードの河村勇輝選手と富永啓生選手という、若手コンビの躍動は見ていて痛快だった。

17~32位決定戦のベネズエラ戦も、比江島慎選手が第4クオーターに爆発して逆転勝ちし、最後のカーボベルデ戦もジョシュ・ホーキンソン選手の活躍で逃げ切った。劇的な勝利を重ねてアジア1位を決め、パリ五輪の出場権を自力で獲得したことは多くの人に感動を与えたに違いない。

トム・ホーバスヘッドコーチのバスケットは、世界と比べて身長の小さい日本を勝たせるために考え抜かれたものだったと思う。オールコートで粘り強いディフェンスを仕掛け、ボール運びに時間をかけさせる。上手くいけばインターセプトをしたり、ターンオーバーを引き出したりする。ハーフコートではとにかく体を張って守る。ボールを奪ったら、スピードのあるガード陣を中心に素早いトランジションで速攻を狙い、5アウトでスリーポイントシュートを多投する。

ＮＢＡでプレーする渡邊雄太選手は、走れてスリーポイントシュートも打てるし、富永選手は走りながら常にシュートを打てる体勢を整えている。172センチの河村選手が、自身より身長が40センチ以上も高いフィンランドのラウリ・マルカネン選手にマークにつかれながら、スリーポイントラインから1メートル以上も離れた位置からスリーポイントシュートを決めた場面もあった。それぞれの選手の個性を生かし、役割分担がしっかりとできていた印象だ。

特に河村選手は、ホーバスジャパンにとって絶対に欠かせない選手だったと思う。それは2021年の東京五輪の頃から思っていた。彼は、どんどんペイントエリアにドリブルして、アタックができる。時には、ゴール下をぐるっと回って通過し、まわりの選手にアシスト。ゴール下から出てくるアシストの守り方は、どのチームにとっても難しいので、とても効果を発揮する。

5アウトはいかにペイントアタックし、そこからレイアップに持っていったり、キックアウトでスリーポイントシュートを決めたりすることが最大の狙いであるため、河村選手の存在は代表チームにとって極めて大きかった。

僕は、平均身長が170センチに満たない辺土名を率いて1978年のインターハイで3位になった時、「日本のバスケットボールの方向性を示すようなゲームを必ずやろう」と宣言し、オールコートのディフェンスと速攻を軸にしたバスケを展開した。北谷では、さらにスリーポイントシュートを武器に加え、全国に挑んでいった。

やはり、小さいチームが大きいチームを倒そうと考えた時、オールコートのディフェンス、ファストブレイク、スリーポイントシュートの3つは必ず柱になる。それは、日本が世界に勝つためにも同じことが言えた。ホーバスヘッドコーチはしっかりとそこに目をつけ、戦術に落とし込み、体現できる選手を育成して結果を残した。素晴らしい手腕だったと思う。

一方で、課題も見えた。最後の試合となったカーボベルデ戦、18点の大量リードの状況で迎えた第4クオーター。選手たちの心理状態が、知らず知らずのうちに守りに入ってしまい、開始から7分以上にわたってノーゴールが続き、3点差まで詰め寄られた。なんとか耐えて勝ち切ったが、日本のホーム開催じゃなかったら逆転負けを喫していた可能性は十分にある。

ああいった場面で、選手を攻め気にさせるスイッチを持っているのがヘッドコーチである。ホーバスヘッドコーチはタイムアウトを取り、「まだ試合は終わっていない」というメッセージを選手たちに送っていたが、守りに入ったチームをもう一度戦う集団にするには、具体的な戦い方を示してあげないといけなかったと思う。

例えば、ディフェンスでオールコートのプレスを指示し、攻め気を取り戻させる。僕が北谷を率いた最終年である2000年、九州大会準々決勝での話である。優勝はできたのだが、対戦相手の福岡大学附属大濠高校に、第4クオーターで猛烈に追い上げられたことがあった。その時にこの方法を使い、再び引き離すことに成功した。

オフェンスでも手立てはある。負けている相手は必死に当たってくるから、無理やり攻めずにゆっくり攻撃を仕掛け、ショットクロックが7〜8秒になったら、渡邊選手にボールを預ける。スリーポイントシュートの成功率が高い富永選手と比江島選手をコーナーに置いておいて、渡邊選手に1対1でゴールにアタックさせ、レイアップに行けるならそのまま行かせて、無理なら両コーナーの選手にキックアウトする。一つオフェンスの形をつくることで、流れを変えられる。効果的な手立てを打ち切れなかったあの時間帯は、ゲームの運び方が良くなかった。

もちろん、現場のコーチ陣の考えもあっただろうし、あの瞬間にあの現場にいた人にしか分からないことも多々あるだろう。僕の意見は外野からの一意見にすぎない。だが、頻繁に流れが入れ替わるバスケットボールでは、ああいう場面は起こりやすい。そのため、パリ五輪をはじめ、今後の日本代表にとっての課題として、しっかり対策を行っていってほしい。

いずれにしろ、今回のワールドカップは日本バスケ界にとって、一生語り継がれる歴史的な大会になった。日本男子が48年ぶりに自力で五輪の出場権を獲得したことは、沖縄アリーナが生んだ異様なまでの熱気も後押しになっただろう。日本の戦いぶりは熱狂的なキングスブースターの心に火をつけ、全国から集ったファンとともに力強く選手たちの背中を押した。沖縄のバスケ熱をさらに増幅させ、この流れはキングスのさらなる人気にもつながっていくはずだ。

2023年は、沖縄を舞台の一つとした映画『THE FIRST SLAM DUNK』が爆発的な人気となり、キングスがBリーグで日本一に輝き、沖縄アリーナではワールドカップが開催された。沖縄が、日本バスケ界にとってここまで大きな存在になる時代が来るなんて、まったく想像すらできなかったことだ。

ただ、これは終わりではない。沖縄の高校バスケ界が再スタートを切るきっかけにして、再び全国で勝てるチームづくりをしないといけない。沖縄がバスケの聖地になることで、沖縄のチームでプレーしたいと思う子が出てきたり、いつか沖縄アリーナで全国大会が開かれる日が来たりするかもしれない。今後の高校カテゴリーの再興、バスケ熱のさらなる高まりに期待したいと思う。

マキティヤナランドー——すべての人に感謝とエールを——

沖縄のやんばるから始まった僕のコーチ人生を振り返ると、「全国制覇」を目指して、とにかく無我夢中で指導に取り組んできたと言える。コートに立った時だけでなく、コートに立つ前の準備から、どの高校に行っても最善を尽くしてきたし、常に選手たちに正面からぶつかってきた。時には、僕の至らなさゆえに選手を傷つけたこともある。そこから僕自身も学び、成長してきたつもりだ。選手とともに、人間として向上できたコーチ人生だったと思う。

本書の執筆をするにあたり、教え子やお世話になった方々と改めて話す機会に恵まれ、自分自身が忘れていた記憶が呼び起こされることも多かった。

家での結婚式の直前に練習に熱中しすぎて、妻に呼ばれて慌てて家に戻ったこと。北谷高校のＯＢが午前4時頃に飲み会の後に喫茶店に行ったら、僕がふと現れてノートにメモを取り始め、教え子たちに驚かれたこと。これは忘れていたわけではないが、中部工業高校に赴任した際に全国制覇を目指し、自費も投じて寮を建設したこと。こうして、自分がやってきたことを客観的に文字にしてみると、我ながら「バスケバカだなあ」とちょっと呆れてしまう。ただ、それほどにいつ、どんな時もバスケのことを頭から離さずに、コーチの道を歩んできたという自負がある。

その過程においては、家族の存在が本当に大きかった。特に妻には最大の感謝の意を表したい。好き勝手やってきた自分をずっと支えてくれたおかげで、僕はコーチを続けてこられたし、人として成長することができた。妻がいなかったら、今の自分はないと断言できる。今も彼女とともに人生を歩んでいけていることを、この上なく嬉しく思っている。心から「ありがとう」を贈りたい。

監督を務めた、すべての学校の保護者の方々にも心から感謝をしている。皆さんも自身の仕事などで忙しい中、父母会が結束して遠征費集めに奔走してくれたり、バーベキューなどで栄養会を開いてくれたりした。全国制覇を本気で目指すうえで、保護者の協力はとても心強く、大きな力になったことは間違いない。

久辺中学校、辺土名高校で外部コーチとして指導し、教員に本採用されてからは豊見城南高校、北谷高校、中部工業高校（現・美来工科高校）、前原高校で指揮を執った。定年退職後に外部コーチを務めたコザ高校を含めると、約45年にわたってチームを率い、教え子は１０００人近くに上る。今、彼らはいろいろな分野で活躍しており、とても頼もしく感じる。挨拶や礼儀も含め、彼らが社会に出た時のことを念頭に置いて指導をしてきたが、それが一人一人の人生において、少しでも役に立っているのであれば、これほど嬉しいことはない。

僕はコーチ人生を始める直前に、加藤廣志先生にハートに火をつけていただいた。実際に指導を始めてからは、ジョン・ウドゥン氏のコーチ哲学に影響を受け、ボビー・ナイト氏からは粘り強いディフェンス、ピート・ニューウェル氏からはビッグマンドリル、ディーン・スミス氏からはラン・アンド・ジャンプディフェンスを学んだ。

人の進むべき道を「指」し示し、「導」くためには、コーチ自身が常に向上心を持ち、学び続ける姿勢を持たないといけない。現状維持はない。進歩するか、退歩するかだ。だからこそ、自分が決めたことをやり続ける強い意志と、日々最善を尽くすことが必要になる。

北谷高校にいた40代の頃、教頭先生に「安里くん、教頭になるための管理職試験を受けなさい。参考書も貸してあげるから」と勧められたことがある。本書でも触れたが、北谷が環境教育の指定校になった時に、教員、生徒とともに学校を挙げて取り組むなど、部活動以外の行事でもまとめ役を担うことが多かったため、評価をしてくれたのだと思う。

しかし、翌日にウドゥン氏の指導哲学をまとめた分厚い本を学校に持参し、教頭に見せて「僕はここに書かれている内容を追求したいので、これをやり切るためには管理職をやっていては時間が足りません」と伝え、辞退した。僕は管理職になりたくて教員になったわけではなく、バスケットボールのコーチになりたくて教員になったのだ。もちろん、管理職を目指して教員をやることも立派なことだ。ただ、僕が決めた道はコーチだった。

本書を読んだ人の中から「これだったら、自分もできるんじゃないか」と思うコーチが出てきてほしいし、きっと出てくると思う。なぜなら、僕が大それたことをやってきたわけではないからだ。誰もができることを、とにかく続けてきただけだ。何事もいい習慣をつけ、日々改善方法を模索し、取り組みを継続することが、結果を残したり他人を感動させたりすることにつながるのだと思う。

近年、全国で低迷が続いている沖縄の高校バスケ界も、必ず再興できる。個人のスキルは昔より格段に向上しているため、それをまとめ上げられるコーチさえ育てば絶対にまた強くなる。あとはやるか、やらないか。行動を起こすか、起こさないかだ。

コーチとは人につくられるものではなく、自分自身で育っていくべきもの。常にバスケのことを頭から切り離すことなく、困難があってもそれを成長のチャンスと捉え、ワクワクしながら、常に立ち向かっていってほしい。

「マキティヤナランドー（負けてはいけないぞ）！」

２０２３年12月　安里幸男

安里幸男　年表

1953年 12月22日
沖縄県国頭郡大宜味村生まれ。7人きょうだいの三男として育つ

1960年 4月
大宜味村立大宜味小学校に入学

1966年 4月
大宜味村立大宜味中学校に入学。バスケットボール部に入部。2年時に辺土名地区大会で優勝

1969年 4月
琉球政府立辺土名高等学校に入学。バスケ部に入るも、県大会での勝利は3年間で1勝のみ。将来コーチになることを決意

1972年 4月
愛知県の中京大学体育学部に入学。ハイレベルの選手に揉まれながら、バスケについて学ぶ

1976年 2月
秋田県立能代工業高等学校バスケ部を訪問。加藤廣志先生と出会い、人生の転機となる

3月
中京大学体育学部を卒業

沖縄社会・バスケ関連年表

1953年10月10日
沖縄県バスケットボール協会発足。初代会長に小橋川寛氏が就任

1954年
琉球政府立コザ高校が、秋田県で開催された第7回全国高校選手権に沖縄県勢として初出場

1972年 5月15日
沖縄が日本復帰。夏のミュンヘン五輪で沖縄初のオリンピアン2人が誕生

1973年
若夏国体（復帰記念特別国体）で沖縄教員男子チームが優勝

1974年
沖縄市立山内中学校が全国中学校大会（全中）で準優勝

1975年
沖縄国際海洋博覧会が開かれる

1976年 4月
名護市立久辺中学校の臨任体育教師となり、辺土名高校バスケ部の外部コーチに就任

1978年 4月
辺土名の顧問が異動となり、全面的にバスケ部を指導するようになる。17日に妻と入籍。5月14日には結婚式を挙げる

8月
山形県であったインターハイで3位。特別敢闘賞を受賞し、辺土名旋風と称される

1979年 4月
大宜味村役場に勤める

1982年
肝臓の病気で約40日間入院。その間に教員採用試験の対策を行い、試験に合格

1983年 4月
沖縄県立豊見城南高等学校に赴任。教員として初めて男子バスケ部の監督となり「打倒能代工」を掲げる

1985年 9月
第5回九州地区国民体育大会でコーチとして初優勝。10月には鳥取国体成年男子のコーチとして3位

1987年 10月
沖縄開催の海邦国体で成年男子のコーチとしてベスト8。少年男子は優勝を飾る

1976年 10月10日
具志堅用高がWBA世界ライトフライ級王者になる

1978年 7月30日
「ナナサンマル」で沖縄の交通ルールが右側から左側に変更

1980年
沖縄市立コザ中学校が全中優勝

1982年
第1回小橋川寛杯争奪高校生選手権大会が開催

1986年
全国高等学校選抜優勝大会で興南高校が準優勝

1987年
沖縄市立美東中学校が全中優勝

1990年
漫画『SLAM DUNK』が連載開始

1989年 2月
豊見城南が全九州大会で3位
1989年 4月
沖縄県立北谷高等学校に赴任
1990年 1月
小橋川寛杯争奪高校選手権大会で優勝。辺土名時代から数えて11年半ぶりの県制覇
5月
能代カップに初出場。7校中、1勝5敗の最下位
1991年 7月
日本バスケットボール協会ナショナルCチーム強化委員となり、2002年まで続ける
8月
静岡県であったインターハイで3位。3回戦の後、宿舎に井上雄彦さんが訪ねてくる
1992年 10月
山形国体少年男子の監督として3位
1993年 5月
能代カップで全勝優勝。「打倒能代工」を掲げてから10年後に能代工から勝利を挙げる
1993年 12月
ウインターカップでベスト8

1991年
与勝事務組合立与勝中学校が全中優勝
1994年
沖縄県立北中城高校が、富山県でのインターハイで県勢の歴代最高成績となる準優勝。全中では豊見城村立長嶺中学校が優勝。女子の沖縄市立安慶田中学校も準優勝を飾り、沖縄バスケ界が最盛期を迎える
1996年
漫画『SLAM DUNK』が連載終了
1998年
コザ中学校が全中優勝。秋田県立能代工業高校が前人未到の3年連続高校タイトル3冠を達成

1994年 1月
全日本ジュニアチームのコーチとしてアメリカ・ロサンゼルス遠征
1994年 10月
愛知国体少年男子の監督として3位
1995年 10月
福島国体少年男子の監督としてベスト8。初戦では能代工中心の秋田県に完勝する
1997年 12月
ウインターカップでベスト8。準々決勝では田臥勇太らを擁する能代工と105対128の激戦を演じる
1998年 10月
神奈川国体少年男子の監督としてベスト8
1999年 7月
第6回男子ジュニア世界選手権大会に日本代表のアシスタントコーチとして出場
2000年 4月
沖縄県立中部工業高等学校（現・沖縄県立美来工科高等学校）へ赴任。選手の寮建設に着手
2002年 3月
第1回沖縄市長杯おきなわカップを開催。能代工1位、洛南高校2位、中部工3位となる。10月には高知国体少年男子の監督としてベスト8

1999年
沖縄尚学高等学校が県勢初となる甲子園優勝（春のセンバツ）を達成。当時の沖縄では、日本一になるのは「バスケが先か、野球が先か」という ことで関心を集めていたが、野球が先に達成した。女子の北中城高校がウインターカップ3位
2004年
北中城村立北中城中学校が全中優勝。田臥勇太が日本人初のNBA選手としてデビュー
2006年
バスケットボール世界選手権が日本で開催
2007年
プロチーム・琉球ゴールデンキングスが誕生
2009年
キングスがbjリーグ初優勝。女子の北谷町立北谷中学校が全中優勝
2012年
キングスがbjリーグ優勝（2度目）

2010年 8月
沖縄インターハイ（美ら島総体）が開催される。ともに出場した北中城高校を辺土名時代の教え子である金城バーニーが率い、師弟で参加

2011年 4月
沖縄県立前原高等学校へ赴任

2012年
文部科学大臣優秀教員として表彰される

2013年 5月
能代カップに15年ぶりに参戦

2014年 3月
教員を定年退職。自宅の一室を改装して資料を展示した「安里幸男バスケットボールミュージアム」をつくる

2016年 4月
沖縄県立コザ高校の外部コーチに就任

2018年 3月4日
恩師・加藤廣志先生が永眠。5月にはコザが県高校総体優勝。43年ぶりの快挙

2023年
沖縄アリーナで開催されたバスケワールドカップに向けて応援団を結成

2014年
キングスがbjリーグ優勝（3度目）

2016年
キングスがbjリーグ優勝（4度目）。Bリーグ誕生。キングスがアルバルク東京と歴史的開幕戦を戦う

2017年
FIBAワールドカップ2023の沖縄開催が決定

2021年
沖縄アリーナが開業。東京五輪の空手男子形で喜友名諒が沖縄県勢初のオリンピック金メダルを獲得

2022年
映画『THE FIRST SLAM DUNK』が公開

2023年
キングスがBリーグ初優勝。FIBAワールドカップ2023の予選ラウンドが沖縄アリーナで開催

「伝説の一戦」公開！

1997年ウインターカップ準々決勝　北谷VS能代工

（ユーチューブチャンネル『沖縄バスケミュージアム』より）

［視聴方法］

動画の視聴はスマートフォンでQRコードを読み込み、画面の指示に従って映像をお楽しみください。

※Wi-Fi等での鑑賞をお勧めします。

［注意］

・コンテンツ内容は予告なく変更・中断することがあります。

・このコンテンツの利用に際し、端末不良・故障・不具合、および、体調不良などが発生したとしても、すべての責任を弊社および、著者、チャンネル運営者は負いません。すべて自己責任で視聴してください。

参考文献　井上雄彦『THE FIRST SLAM DUNK re:SOURCE』（集英社）

『月刊バスケットボールWEB』（日本文化出版）

加藤廣志『高さへの挑戦（改訂版）』（秋田魁新報社）

ジョン ウドゥン『ジョン ウドゥン UCLAバスケットボール』（大修館書店）

Staff　文　内間健友　長嶺真輝

撮影（カラーページ）　田里弐裸衣

写真提供（カバー写真など）　金城吉弘

イラスト提供　西尾瑞穂

ブックデザイン　宜壽次美智

編集　金谷康平　新垣陸（双葉社）

この本の制作にご協力いただいた皆様をはじめ、安里幸男のバスケ人生に関わってくださった多くの皆様に格別の感謝を申し上げます。

※作中の人名は、一部敬称略

安里幸男（あさと・ゆきお）

1953年12月22日生まれ。沖縄県大宜味村出身。辺土名高校から中京大学へ進学。卒業後、母校・辺土名高校バスケットボール部の外部コーチになる。1978年、平均身長160センチ台の同バスケ部を率いて初のインターハイに出場。辺土名旋風を巻き起こし、3位に輝く。高校教員になり、北谷高校時代の1991年には、高校チームとしては自身2度目のインターハイ3位に入る。1993年、能代カップ全勝優勝。上背のないチームが全国強豪校に挑む姿は多くの感動を呼び、見る者の記憶に残っている。国体の沖縄少年男子監督としても2度3位。元全日本ジュニアコーチングスタッフ。沖縄バスケ界のレジェンドとして、定年を迎えた今なお後進の育成に励んでいる。

日本《にほん》バスケの革命《かくめい》と言《い》われた男《おとこ》

2023年12月23日　第1刷発行

著　者　　安里幸男

発行者　　島野浩二

発行所　　株式会社双葉社

〒162-8540　東京都新宿区東五軒町3番28号
［電話］03-5261-4818（営業）　03-5261-4827（編集）
http://www.futabasha.co.jp/
（双葉社の書籍・コミック・ムックが買えます）

印刷所・製本所　中央精版印刷株式会社

ISBN：978-4-575-31846-3　C0095

マキランドー!!
GS7

① 1978 年の山形インターハイで山形東高校との初戦に臨む辺土名高校の選手たち。快進撃を見せ３位に入る　② 1991 年の静岡インターハイ開会式で入場する北谷高校の選手たち。高校を率いて自身２度目の全国３位に入る　③正規教員になって初赴任した豊見城南高校の選手たちと写る。同校時代が自身の土台をつくった　④ 1990 年に北谷高校を率いて初めて能代カップに出場した時の様子。２列目右から４人目が能代工業高校の加藤廣志先生　⑤静岡インターハイで粘りのディフェンスをする北谷の選手たち

① 1992 年のウインターカップで試合開始前に並ぶ北谷高校の選手たち。右端は 195 センチセンター下地一明　② 1993 年の第 6 回能代カップの歓迎会で恩師の加藤廣志先生と写る。同大会で北谷は 6 戦全勝で初優勝する　③ 1993 年のウインターカップでベスト 8 に入った北谷高校メンバー

①1997年のウインターカップ準々決勝で高校王者・能代工業と激戦を展開する　②田島健太郎は能代工を相手に田臥勇太選手と並ぶ41得点を挙げた　③ライバルの北中城高校とは県大会の決勝で何度も激闘を繰り広げた　④チームを引っ張る根間洋一のゴール下からのシュート。２年の時には全日本ジュニアにも選ばれた

① 1997年のウインターカップ沖縄県予選で、北谷高校がこの年の県高校総体決勝で敗れた北中城高校にリベンジを果たし、胴上げされる　②中部工業高校（現・美来工科高校）時代、安里が全幅の信頼を置いたキャプテンの一人である友利健哉　③中部工時代に造った選手の寮

①現役教員として最後に指揮を執った前原高校の選手に指示を伝える　②前原は小柄なチームだったが、就任２年目でウインターカップ沖縄県予選準優勝に導いた

①〜③ 2023 年夏に、15 歳以下のチームである Crazy Genius のコーチを務め、その子どもたちとの練習模様　④子どもたちへのバスケットボールクリニックも時には行う（写真は 2014 年）⑤バスケコーチになって 45 年以上にわたって書き続けてきた指導ノート

2023年8月、病気でリハビリ中の教え子〝ビッグマン〟下地一明へ、
北谷高校の歴代の教え子とともにエールを送る

45年におよぶバスケット・コーチ人生を
支えてくれている妻・スマ子と自宅で写る